销售团队管理：

制度设计与数据赋能

鲁海洋——著

中国铁道出版社有限公司
CHINA RAILWAY PUBLISHING HOUSE CO., LTD.

图书在版编目（CIP）数据

销售团队管理：制度设计与数据赋能 / 鲁海洋著 .—北京：中国铁道出版社有限公司，2022.12
ISBN 978-7-113-29448-9

Ⅰ. ①销…　Ⅱ. ①鲁…　Ⅲ. ①销售管理　Ⅳ. ① F713.3

中国版本图书馆 CIP 数据核字（2022）第 126104 号

书　　名：销售团队管理：制度设计与数据赋能
XIAOSHOU TUANDUI GUANLI: ZHIDU SHEJI YU SHUJU FUNENG
作　　者：鲁海洋

责任编辑：马慧君　**编辑部电话：**（010）51873022　**投稿邮箱：**zzmhj1030@163.com
封面设计：宿　萌
责任校对：安海燕
责任印制：赵星辰

出版发行：中国铁道出版社有限公司（100054，北京市西城区右安门西街8号）
网　　址：http://www.tdpress.com
印　　刷：三河市兴达印务有限公司
版　　次：2022 年 12 月 第 1 版　2022 年 12 月 第 1 次印刷
开　　本：710 mm×1 000 mm　1/16　**印张：**12.25　**字数：**162 千
书　　号：ISBN 978-7-113-29448-9
定　　价：59.80元

前　言

如何有效管理，才能让团队获得优秀的业绩?

几乎每个管理者都会思考这个问题，却很难给出具体的答案。

也许你之前是一名业绩斐然的销售人员，受到老板的赏识晋升为销售团队的管理人员，但身份的转变给你带来了诸多不适感。你希望在工作上面面俱到，但现实却是“面面都没到”，因为销售与管理本就是两个全然不同的命题。

又或者你已经是一名销售主管，部门内部问题重重。资深销售难管但业绩优异，新入职的员工好管但业绩较差；管得太严很容易引起员工不满，管得太松就会出现纪律问题，这之中的尺度把握即是本书希望分享给读者的知识和经验。

为解决上述问题，缓解工作中的不适感，实现升职软着陆，本书应时而生。本书面向销售管理人员、销售人员等职业人群，旨在用严谨的理论、翔实的案例助其更好地管理团队，实现业绩增长。

本书对销售团队的管理流程进行详解，上篇介绍招聘管理、能力复制、标准化工作、高效带教、个性化督导五大系统，为读者讲解系统化的管理方法；下篇从核心、目标、考核、时间、行程、会议六大分析方法出发，为读者讲解具体做法。行文逻辑性强，内容丰富实用，值得读者仔细阅读。

目前经济向好发展为企业带来无数的机遇与挑战，作为企业的基石部门，销售部门需要挑起大梁，承担更多责任；管理者也应不断提升个人素质、增强管理能力，以应对更复杂的社会环境。

鲁海洋

2022 年 4 月

目　录

上篇
管理系统助力业绩增长

下篇

利用数据带出精英团队

上篇

管理系统
助力业绩增长

第1章

招聘管理系统：招贤纳士，为团队积蓄人才

人才是企业和社会发展最核心的要素，其作为企业重要的战略资源，为企业经营与发展提供源源不断的动力。对于销售部门来说，员工留不住是最让人头疼的问题。本章将就这个问题展开叙述，帮助企业搭建招聘管理系统，留住人才。

1.1 招聘做不好，人才怎么能留得住

六七月份是大学生毕业季，这时很多企业的HR就开始忙碌了，因为对于大多数企业来说毕业季也就是招聘季。为了组建强大的销售团队，我们需要事先与HR协商制订自己的招聘计划，比如招什么人、招多少人等。

根据最新的数据显示，很多企业的员工离职率居高不下，平均每招聘5个人不到半年就会有4个人离职。企业的员工流失严重，使得用人成本居高不下。很多企业也一直致力于解决员工离职率高的问题，殊不知，之所以离职率高正是因为招聘不当导致的。况且销售类工作原本属于员工流失率高的岗位，所以，我们对招聘应当更加重视。

为了避免出现以上问题，企业在招聘时就应该考虑该员工是否能长久待下去、该员工是否适合销售岗位等。对于销售岗位来说，学历、年龄、销售经验与销售业绩存在关联关系，但并不存在必然关系。有的企业运营者想要提高整体销售人员素质，希望多招一些硕士学历的销售人员。有的企业运营者想要降低人工成本，希望多招一些高中、专科学历的销售人员。企业在不清楚招聘需求的情况下，无论招聘哪种销售人员都可能是盲目的。

选择高中学历还是硕士学历，选择40岁的资深销售，还是选择刚毕业的大学生，这需要做进一步分析。我们可以从三个维度进行分析，如图1–1所示：

1	销售流程可复制度
2	跨行业资源整合度
3	客户资源可复制度

图 1-1　产品销售难度的三项决定数据

1. 销售流程可复制度

销售流程可复制度高，意味着销售人员可以通过学习，快速成为资深销售。如，保险类产品的销售流程简单，可复制性强，招聘时可以降低学历、经验方面的门槛；而股票类课程的销售则要求经验丰富，可以适当弱化学历、年龄方面的门槛。

2. 跨行业资源整合度

销售过程中，需要整合的内容越多，对销售人员的经验、专业知识的要求就越高。例如，为企业做品牌策划方面的销售人员需要协调媒体、场地、设计等方面的资源，更强调经验。

3. 客户资源可复制度

销售人员入职后，就进入资源积累期，如果积累期短，则意味着客户资源可复制度高。

招聘销售人员是为了完成销售目标的，只要能完成销售目标，学历、经验、年龄都可以让步。一般来说，同等情况下，学历高、经验丰富的销售人员对薪资待遇的期望值都要高于学历低、无经验的销售人员。

所以，销售团队在招聘的时候，要招聘合适的人，还要想办法将合适的人挑出来，这对降低员工离职率来说很关键。

1.2 优化招聘流程，全方位了解人才需求

这是 70% 以上的中国企业在使用的销售团队招聘流程：招人→优胜劣汰→继续招人。

这种模式被称为“鳄鱼理论”，即把小鳄鱼扔到鳄鱼池里，能抢到食的才能活下来，属于结果导向性的招聘流程。

一般来说，销售岗位属于基础性岗位，在招聘之前，需要做一个招聘规模方面的计划。

沃顿商学院的管理学教授对团队规模方面进行了三个方面的概述：

第一，明确团队即将承担何种任务；

第二，团队将如何构成；

第三，需要考虑团队规模。

那么对于一支销售团队来说，我们要怎样规划团队规模呢？当然销售团队的规模也不能靠自我感觉决定，而要从实际需求的角度考虑。

影响销售团队规模的因素通常有以下几个方面，如图 1-2 所示：

1.单个销售人员负责客户的数量

2.管理层级的数量

3.下属人数不一定越多越好

4.直接下属人数要控制在5~8个

图 1-2　影响销售团队规模的因素

1. 单个销售人员负责客户的数量

销售人员不但要负责寻求客户、推销产品，有时还要处理一些诸如准备、分析、协调以及售后服务等行政工作，管理者必须考虑一个销售人员究竟能够负责多少客户，这种考虑不能凭主观臆断，而是要做好市场调查，把市场数据和公司实际情况相结合。

很多管理者都觉得销售人员的增加就会带来营业额的增加，事实并非如此。对于很多销售人员来说，往往是工作越忙越有干劲，一旦闲下来，反而会失去工作的激情。如果把本来 10 个销售人员就可以做好的工作，分给 15 个人做，结果就会导致销售人员的士气下降，毕竟做销售工作是靠业绩说话的，销售人员都希望忙起来。很多产品的市场占有率是一定的，如果人员分配不当，就会出现“一个和尚挑水吃，两个和尚抬水吃，三个和尚没水吃”的现象。

2. 管理层级的数量

对于一个销售团队来说，组织层级通常分为高层、中层和基层三个层级。可以说，公司越大、层级越多，越容易人浮于事、缺乏效率，而这种氛围对销售工作尤为有害。为了改变这种氛围，管理者应该从以下两方面着手：

（1）采取多变的模式

在企业工作中，人们一般都会觉得，每一项工作只有落实专人负责，才能把工作做细。但是销售团队与其他团队的区别在于，销售团队没有特别固定的工作程序，更适用灵活多变的模式。

（2）适当授权

团队要想真正培养出销售方面的人才，就需要适当授权，放手才能育出“狼”。当销售团队人员比较少时，领导者为了减轻负担，往往会把多一些工作交给下属做，让下属得到锻炼的机会；但当销售团队的人员比较多时，领导者反而会不肯下放权力，下属工作积极性受到影响，也没有办法得到更多锻炼。

3. 下属人数不一定越多越好

作为一个管理者我们还要多学习心理学方面的知识，或许不少人的心中都有带领大团队的愿望，但“人多力量大”有可能是销售团队的陷阱。有些管理者认为自己管理的人越多，自己就越厉害，自己的成就越大、地位越高，团队人数增加，就代表团队的成长，其实这种想法是片面的。

4. 直接下属人数控制在 5 ～ 8 个为宜

科学研究表明，一个负责人的直接下属最好在 5 ～ 8 个，这样的团队效率更高。

同时，团队建设初期，我们要遵循的原则是“先招精，再招多”。因为团队初期需要各方面的优秀人才，这样才能保证销售团队高效的协作。只有形成一个优秀的团队，我们才能以精带多。销售团队也是如此，我们只有先培养出销售能力出众的人，才能将他的能力和经验进行复制。

1.3 设置招聘标准，岗位和薪酬都要考虑

招聘的前提是制定招聘标准，需要什么样的团队成员我们就招聘什么人，而制定招聘标准就需要我们制定岗位说明书。当然，我们在做定岗的时候，必须先做好业务规划，梳理组织结构，也就是根据业务流程进行业务规划，再根据业务规划进行组织结构的梳理，梳理完组织结构就可以进行定岗定薪。

1. 定岗定薪的原则是因事设岗、因岗定薪

（1）因事设岗原则是根据销售部门的业务规划、工作任务以及任务流程设计岗位，以工作内容、业务量配置人员，以便达到因事设岗、分工明确的目的。岗位设置要考虑公司的现实情况，不要盲目跟风，设置一些不需要的岗位。例如，某创业公司的销售部门，招聘岗位可能只需要设置销售主管、销售人员两个岗位；而对于大型公司来说，销售部门可能还需要销售总监、总监助理岗位等。

（2）以岗定薪是指员工的薪酬根据任职岗位确定。每一个工作岗位都有与之相对应的工资级别，每一个工资级别都有一个上下限适当的工资幅度，员工的基本工资水平只能在这个级别的幅度范围内浮动。

2. 定岗定员的具体方法

定员定岗之前除了必须梳理好公司的组织架构外，还需要定责、定员。定责：包括部门职责与岗位职责两项内容。定员：在定岗基础上，严格按岗位的任职要求，为每个岗位配备合格的人员。岗位设置的常用形式主要有以下三种，如图 1–3 所示：

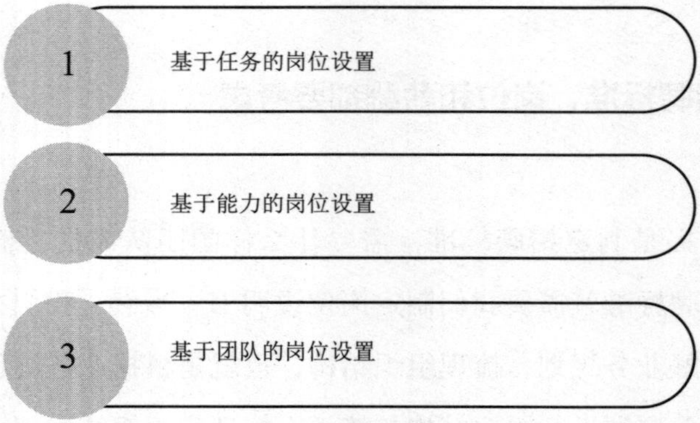

图 1–3　岗位设置形式

（1）基于任务的岗位设置

基于任务的岗位设置是将明确的任务目标按照业务流程的特点进行分解，并以此设置相应的岗位。这种做法的好处是将任务细化，岗位的工作内容和工作目标简单明了，有利于实际操作，员工只需要根据工作内容进行简单的培训即可上岗，同时，它有利于完成工作任务，实现工作目标，提高工作效率。但这种岗位设置的缺点是只考虑任务的要求而往往忽视在岗者的个人特点，员工个人的一些隐性能力无法发挥出来，所以这种方法适合一些销售基层岗位的设置。

（2）基于能力的岗位设置

基于能力的岗位设置与基于任务的岗位设置，区别在于前者的岗位任务种类是复合型的，对员工的工作能力要求更全面一些，员工能够发挥自己的特长、展现自己的能力，这种类型的岗位设置适合一些销售管理岗位。

（3）基于团队的岗位设置

基于团队的岗位设置比上述两种岗位设置方式更加市场化、客户化。这种岗位是以解决客户需求、为客户服务为中心而组建一个高效团队，最大特点是高效快捷，以“客户至上”为依据进行运作，同时，又能克服企业内部各部门、岗位间因交流障碍而导致闭门造车的弊端。这类岗位的职责确立需要明白：满足客户的需要，你到底要做些什么事情？客户希望你做什么？对在岗者来说，在一个由各种技能、各个层次的人组合起来的团队中工作，不仅可以利用集体的力量较容易地完成任务，还可以发挥自己所长，迅速成长，显然，这是一种比较理想的销售岗位设置形式。

3. 以岗定薪的薪酬体系

薪酬制度、薪酬体系的主要作用都是保障和激励员工，充分调动公司员工的工作积极性，推动公司高效健康发展，实现公司战略目标。因此，以岗定薪的薪酬体系工资单元设置，首先我们要遵循按劳分配的原则；其次考虑如何满足员工个人生存的需要，保障员工个人利益；最后要考虑如何把员工的个人利益与公司整体利益紧密结合在一起，推动公司的整体发展。因此，作为一种与岗位挂钩的以岗定薪的薪酬体系，其结构和比例可由以下三个单元组成：

（1）满足员工基本需求的生活工资。遵循马斯洛需求层次理论，劳动者只有先满足自身基本生活需要（包括养家糊口、接受教育等），劳动者的再生产才有可能，劳动力的差别才能体现出来。基本生活工资属于保障劳动力的最低需要的工资单元，其在工资总额中所占比例的确定首先要考虑本地区最低生活保障线，其次要考虑企业的自身情况，这部分工资一般应控制在工资总额的 30% 以下。

（2）体现劳动差别的劳动岗位工资。这个工资单元需要考虑劳动差别，要区分简单劳动与复杂劳动、重复性劳动与创造性劳动的差别，同时还要考虑岗位的责任与风险大小、劳动强度、环境条件等因素，根据岗位工作内容的难易程度以及其体现的价值确定工资。这部分工资在整个工资总额中占主要部分，具体可根据行业和企业的实际情况确定比例。对销售团队来说，一般分为管理岗位和销售岗位，管理岗位的工资也与团队销售业绩挂钩，还负责团队的整体布局、规划等。

（3）体现劳动成果的效益分享工资。这部分工资是个不确定数，是否分配及分配额度应根据企业经营状况确定，其等级、标准的设置仍应与员工所在岗位等级相对应，以体现多劳多得。对销售人员来说，销量与薪资挂钩，有利于销售人员主动提升业绩，以获得更高薪资。

1.4　综合考虑岗位所需能力，明确面试指标

很多公司招聘销售人员时会忽略应聘者的深层次能力和素质，所以，招聘人才时，不能局限于对技能和知识的考察，而应从应聘者的求职动机、个人品质、价值观、自我认知和角色定位等方面进行综合考虑。

社会心理学家认为，不同层次的能力素质在个体身上的表现形式不同。我们可以把人的能力素质形象地描述为漂浮在海面上的冰山（冰山理论），知识和技能属于海平面以上浅层次的部分，而自我概念、特质、动机属于潜伏在海平面以下深层次的部分，而研究表明真正能够把优秀人员与一般人员区分开的是深层次的部分，如图 1–4 所示：

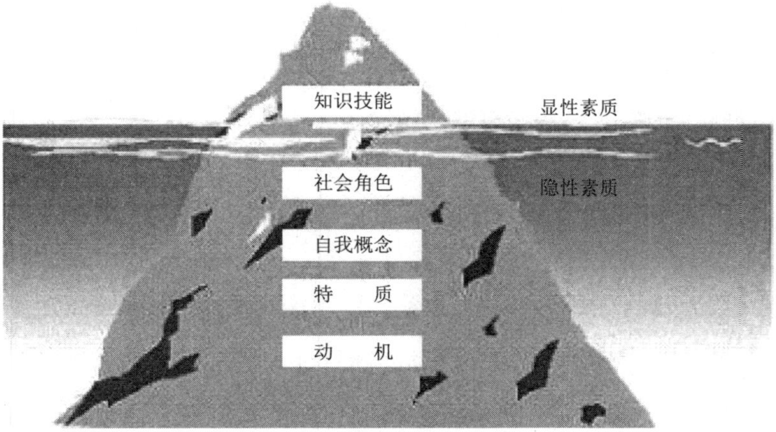

图 1–4　冰山模型

不同公司由于所从事的行业、发展战略、经营方向、发展阶段、岗位需求等的差异，对人才能力素质的要求是不同的。即使在同一个公司，不同层级、不同岗位对人才的能力素质也有不同的要求。如华为、苹果等国内外知名公司，虽然同为高科技公司，但对人才的能力素质要求却有不同的标准。

这些公司招人不会限于是否是计算机专业，它们旨在寻找自己需要的“聪明人”；有的公司选拔人才的首要条件是对企业文化的认同。那么，如何才能确定哪些是适合公司自身特点并能促进公司可持续发展的能力素质特征呢？一种常见的方法是构建人才能力素质模型。

企业通过人才能力模型的建立，就能确定各个层级、各个岗位所需要的能力和素质特征，从而为人才招聘提供较为客观的标准，使面试指标化、数据化。

面试评估要点设计主要指面试提问和判断要点的设计，企业通过提问和判断要点的设计，建立面试题库，从而由原来发散式、随机式的提问向逻辑化、指标化转变，提高面试的效率和质量。

1.5 用结构化面试找到团队正确的人

如今，面试在企业招聘人才时发挥了越来越重要的作用，结构化面试已经成为当前公司面试应聘人员的主流。在录用面试当中，不少企业已经采用了结构化面试，它克服了传统面试提问随意性大、缺乏评估标准、结果难以让人信服的缺点；同时它也吸收了传统经验型面试的优点，使面试结果更加可靠，对人才的甄选更加公正、客观、科学。

研究人员将结构化面试的概念定义为：根据特定职位的胜任特征要求，遵循固定的程序，采用专门的题库、评价标准和评价方法，通过考官小组与应考者面对面的言语交流等方式，评价应考者是否符合招聘岗位要求的人才测评方法。结构化面试主要有以下三个特点，如图 1–5 所示：

根据工作分析构建的人才能力模型设计面试问题和评判标准

所有同一职位应聘者的面试问题都是一样的，采取相同的面试流程

面试官的组成结构有科学的配置

图 1-5　结构化面试的三个特点

1．根据工作分析构建的人才能力模型设计面试问题和评判标准

面试是为了选择适合这个岗位的人才，所以我们首先要对这个岗位进行工作分析，分析这个岗位所需要的能力和个人特质。如根据知识、技能、性格、价值观和管理、学习、思维等隐性能力构建人才能力模型；然后设计能反映人才能力的面试问题以及与之相对应的评判标准。对基层销售岗位来说，应聘者的沟通能力、语言表达能力、性格等是评判的重要指标。

2．所有同一职位应聘者的面试问题都是一样的，采取相同的面试流程

为了保证面试的公平和科学，对所有的应聘者一视同仁，我们要对所有同一职位的应聘者采用相同的面试问题以及流程，避免主观印象和第一印象等感性面试，而且还简化了面试步骤，让面试更加标准化、正规化。

3．面试官的组成结构有科学的配置

面试官一般要由人力资源部主管和应聘部门的主管组成，这样既能考察应聘者的相关专业知识是否符合职位的要求，又能科学地对应聘者的能力进行考核。由于每个面试官对评判标准的理解不一，我们也可以采用打分的方式，去掉最高分和最低分求出平均分以保证面试的科学性。同时，良好的个

人品德和修养，能保持和善、公正的态度，遵循打分原则等，也是选择面试官的主要依据。

只要做好以上三点，就可以为销售团队招聘到真正适合的人才，做到人岗匹配，这样销售团队的建设才能与时俱进。

第 2 章

能力复制系统：努力建设铁打的营盘

我们都听过一句俗语：铁打的营盘流水的兵。对于销售部门来说，每次出现骨干员工离职都是一次打击，因为离职人员很可能会带走自己熟悉的客户，造成公司业绩下滑。鉴于此，企业需要不断积累可复制的管理经验，建立健全客户管理制度，这样即便员工离职，也不会对企业效益造成太大影响。本章将详解如何建设铁打的营盘，帮助企业降低经营风险。

2.1 奥格尔维定律：大胆任用比自己优秀的下属

“优秀的人用比自己略差的人，条件差的人则雇佣比自己更差的人”，这种现象称为俄罗斯套娃（如图 2–1）现象。

图 2–1 俄罗斯套娃

对于这种现象，有一个流传甚广的故事。奥美公司总裁奥格尔维，在召开一次董事会时，他让秘书在每位与会者的面前都放了一个玩具娃娃。董事们面面相觑，不知何故。

奥格尔维说：“大家都打开看看吧，那就是你们自己。”董事们很吃惊，疑惑地打开眼前的玩具娃娃，展现在眼前的是一个更小的同类型娃娃，接下来还是如此。

当他们打开最后一个时，发现玩具娃娃身上有一张纸条，那是奥格尔维留给他们的：“你要是永远都只任用比自己水平差的人，那么我们的公司将来就会变成矮人国，变成一家侏儒公司。你要是敢于任用比自己水平高的人，我们的公司就会成长为一家巨人公司。”这就是著名的奥格尔维定律。

那么作为团队管理者我们应该如何避免俄罗斯套娃现象呢？

第一，给予有招聘推选权的管理者安全的职场环境，保障他个人的利益。比如，我们可以规定销售总监的直线下属不能直接取代上级任命下属职务。

第二，对销售部门的管理者进行管理培训，让管理者有一个好的招聘心态，使他们既能为下属能力强而感到高兴，同时也能不断地增强自身的管理能力。

第三，把培养销售能力更强的员工作为销售主管与销售经理的成绩考核指标之一，让他们形成一种观念：下属的销售能力就应该比主管强。

第四，把推荐团队中的优秀成员到公司的管理岗位或者培养更加优秀的人才作为一种奖励制度。

这里还有一个故事。奥美公司有一个激励制度：每当总公司提升一名管理人员到另一个地区去当经理时，公司都会送给他（她）一个俄罗斯套娃作为礼物，以提醒这位新任经理：创建一个新公司，在招聘部门主管时要聘用比自己能力更强的人。因为公司经理的包容、自信会让团队更具竞争力，能够促进企业高效快速的发展，实现企业战略目标，这样公司的凝聚力才会越来越强。

反之，如果从公司经理开始，层层任用的都是不如自己的人，在一个不包容的团队里，就很难形成团结向上的工作气氛和取得稳定增长的业绩，公司将很难实现可持续发展。

第五，让管理者明白公司利益与个人利益是息息相关的，只有公司发展得好，个人才会有更好的发展空间。

第六，采取销售主管、人力资源培训主管与培训老师联合评估培训期间新招销售员工的业绩表现。

有着“钢铁大王”之称的安德鲁·卡内基的墓碑上刻着一句话：“一个懂得跟比自己强的人合作的人安息在这里。”这句话完美地诠释了善用贤才的重要性。安德鲁·卡内基之所以能成为闻名世界的人物，不仅因为他本人具备超人的能力，也在于他敢任用比自己能力强的人才，并且最大限度发挥他们的长处。

安德鲁·卡内基有一句名言：“即使将我所有的工厂、设备、市场和资金全部夺去，但只要保留我的技术人员和组织人员，四年之后，我仍然是‘钢铁大王’。”这并不是空话，安德鲁·卡内基之所以敢于说出这样的话，就是因为他善于发挥工作人员的长处，并使之用心为他工作。

对销售主管来说，想要让自己的销售团队充满活力，就要选贤任能，雇请高端人才，而不是用小眼光看世界，害怕下属超越自己。敢于任用比自己能力强的人才的管理者不仅是度量问题，还是对自己的能力有信心，有自信才有可能成为一个一流的管理者，而唯有一流的人才才能造就一流的团队。

有能力的人才是我们求之不得的，嫉贤妒能是职场中的大忌。管理者只有避免俄罗斯套娃现象，敢于承认下属的能力，任用能力比自己强的人，才能让销售团队高效稳定地运作。

2.2 敢于放手 + 总揽大局 = 高执行力团队

广为流传中，通用电气董事长兼 CEO 杰克·韦尔奇有一句经典名言：管得少就是管得好。一天，他走进公司，公司职员这样问他：“这里没什么事，您怎么来了?”他笑了一下说:“是啊，那没事我就先走了。”说完后就真的转身走了。“兵随将转，天下无不可用之人。”作为管理者，要深切知道下属的优势，并加以培养任用。我们的任务不应该只是去发掘人才、管理人才，更重要的是建立一个能让每个人都有机会成为可用之才的制度。下面让我们看看放手管理的作用，如图 2–2 所示：

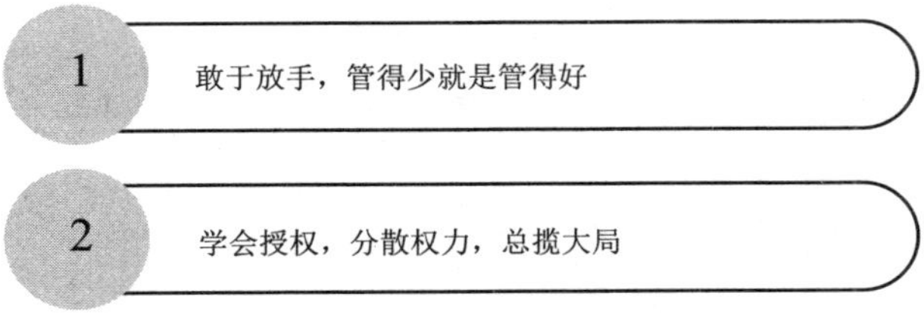

图 2–2　放手管理的作用

1. 敢于放手，管得少就是管得好

一些管理者都有这样的通病，他们习惯于相信自己，总是放心不下，经常干预下属的工作过程。他们的口头禅是“忙死了”“累死了”“那帮家伙怎么就不能让我省点心呢”。如果销售主管采用的是妈妈式的管理方式，从头管到尾、从大管到小，这样就会越管越变得事必躬亲。

同时，下属也会因为管理者妈妈式的管理方式，变得越来越束手束脚，养成依赖、从众和封闭的习惯，从而失去工作的积极性、主动性和创造性。尤其是销售岗位的特殊性，个人发挥的余地比较大，更不能对他们束手束脚。否则，时间一长，销售团队就很容易因为缺乏活力而无法稳固地向前发展。

2. 学会授权，分散权力，总揽大局

忙碌、超时工作，似乎已经成为一些企业高层管理者工作状态的缩影。一份调查分析报告显示:“在某些企业中，80% 的时间用在管理上，仅有 20%

的时间用在工作上。”有研究认为“管”与“理”应遵照的是2 ∶ 8的比例，而“管”与“理”8 ∶ 2的比例正好相反。

曾有人进行调查，不少员工反映经理爱管事，因为怕出问题，所以什么事都想管。对于知识经济时代的企业而言，给予员工必要的信任和适当放权已经成为激励员工的重要手段之一。而且对员工放权不仅能满足员工自我价值实现的需求，提高员工能力，也可以使管理者腾出更多的时间处理更重要的事情。

总之，管理者给予下属一定的操作空间和决定事情的权力，不仅能激发下属的工作积极性，而且还能保证当市场出现问题时下属能迅速做出反应，解决问题，这样在客户面前也能体现我们的工作效率和服务水平，同时授权之后还要进行实时监督，听取下属意见，保持沟通，防止权力滥用。

2.3 打破能人模式，用流程复制一流团队

可以说，现在有两种不同的商业模式：系统模式和能人模式。系统模式是用流程复制团队，而能人模式则更多是靠能人和经验扩张团队。靠能人和经验打造团队，可能会造成这样的结果：要么做不大，要么做大了，也很难持久。优秀的团队不是靠能人，不是靠热情，也不是靠使命，而是靠一套完整的体系支撑。质量管理专家指出，不能满足客户需求的原因中有85%与系统和流程的缺陷有关，而不是员工。管理的角色是改变流程，而不是迫使个别人做得更好。

他山之石可以攻玉，世界上流程复制执行最好的团队之一就是某著名连锁餐饮企业。从1991年进入中国市场，由一家店发展到现在，已经拥有全国连锁

的几千家店，员工增长到十几万人，这些数字的增长，无一不是复制的功劳。作为系统化的典型代表企业，它拥有一套完善的流程复制体系，如图 2–3 所示：

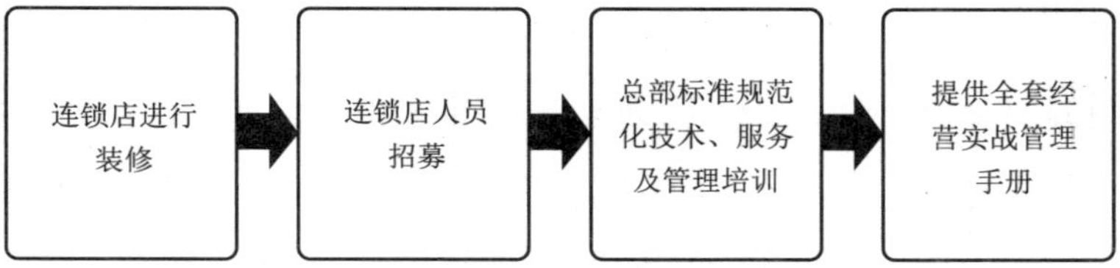

图 2–3　流程复制体系

它的汉堡、薯条、饮料以及优质的服务在哪里都是一样的，它已经成为“流程复制”的代名词。它从成立到现在已经有 60 多年的历史了，它从街边小店到世界连锁餐饮企业，它创造出了规模和销售额上的伟大业绩。不得不说这是一个奇迹，是流程复制的奇迹。

它从 1955 年第一家店开业至今，已经在很多国家复制了数量众多的连锁门店。高峰时期它开一家分店的时间是用时来计的，这种扩张速度是众多企业难以望其项背的，这也是为什么这么多年来它一直是“最有价值的品牌”的热门。

国外某高校曾做过一项调查，当教授问学生有多少人认为自己做的汉堡包比它的好吃时，很多人都举起了手。但这又怎样，这阻止不了它利用流程的力量进行复制。

我们的企业都可以从这家连锁餐饮企业的成长过程中获得一点启示：它之所以能达到今天的成就不是它的汉堡有多么多么好吃，而是它的复制力。

强大的复制力可以促进销售团队的蓬勃发展，很多销售团队借助复制系统实现了低成本的快速扩张，并且享受到扩张带来的销售效益。在这种标准化的模式下增强销售团队的复制力，实质上是实现更大范围的资源共享，能够在节约团队资源的情况下，满足客户不同的需求。

2.4 掌握三大关键要素，锻炼复制能力

1. 标准

复制的前提就是标准化，因为只有标准化我们才可以衡量复制的程度，实现百分之百复制，复制才具有可操作性。要做到标准化，我们尽量要用数字表达。

我们以电话销售为例，讲述复制的标准化。许多人做电话销售感到很无助，自己电话量很高、产品介绍得也很好，就是不出单。其实，做电话销售有一个系统的流程，掌握了这个流程，出单就很容易。

第一步：讲好开场白

在电话营销过程中，被客户挂电话是经常遇到的事，做过电话销售的朋友一定深有体会。客户为什么会接到推销电话，没等你说两句就挂断电话呢？我们不妨先站在客户的立场思考一下，如果我们是客户，接到陌生人打来的推销电话，该是何种心情？

一般客户都认为这些电话是对自己的打扰，所以我们需要换个角度。如果电话的开场白就对客户有利，客户是否愿意听下去呢？所以开场白的每一句话都要站在客户的角度考虑问题。开场白就是要吸引客户愿意继续听下去，这一点如果能做到，才有成交的机会。

第二步：谈预期

如果我们销售的产品是正规减肥产品，在开场白时要讲述产品功能。在谈预期时，可以说："一般客户使用我们的产品 × 个月，能够减重 × 千克。"客户在看到这个预期后，很容易联想到自己几个月之后的变化。

第三步，深度挖掘需求

当客户知道预期后，接下来要进一步挖掘需求。在挖掘需求环节，一定

要多倾听客户说的话。说的是什么？重点是什么？同时要养成做笔记的习惯，把客户说的情况记录在笔记本上，这时要避免经验主义，尤其是做销售时间比较久的人，如果自己说得多，客户说得少，就不容易挖掘到深层次的需求。

第四步：入主题

在挖掘需求环节，当得知客户没有购买过同类的产品或正在找类似产品的时候，你要把产品的优势充分介绍给客户。

第五步：签约

签约过程中，可以再细分两步：合同细节沟通和签约。先与客户沟通合同细节，如果客户对合同细节认可，就可直接签约。

以上就是一个电话销售标准，将标准建立，管理者在带教和督导环节就能够轻松一些。

2. 带教

我们把流程标准化后，就需要通过带教的方式把它进行复制。新员工刚入职后通常会有四个困惑：为什么选我？我要做什么？我可以怎么做？我可以得到什么益处？为了解决新员工的困惑，我们要建立新员工培训系统，比如，让老员工充当新员工的导师。设立导师不仅可以快速让新员工了解工作、熟悉工作流程，实现复制，还可以促进团队成员共同成长，培养团队精神。导师在带教当中应该遵循终身学习、传授终身受用的技能以及第一次就训练对的原则。

带教新人，就需要像师傅一样不嫌麻烦，反复演示指导，以达到复制的标准。概括来说，带教要遵循“四步走”流程：呈现（我们先来认识一下工作）→演示（你注意听，注意看）→辅导（我来指导你如何做）→追踪（考核成效很重要）。

3. 督导

其实，带教和督导是相辅相成、紧密连接的。带教是学会怎么做，督导是进行监督考核，及时发现问题，并辅导他们解决问题。在督导过程中，我们要注意以下四点：

（1）督导员要帮助员工发现偏差，并给予监督和指导，而不是自己去解决；

（2）建立奖惩制度，发掘销售能力突出的员工，树立榜样；

（3）多进行沟通，让员工主动把问题说出来，让员工树立“没有问题的销售不是好销售”的意识；

（4）对待员工要有耐心，多进行鼓励式的回应。

销售主管要多给员工一些鼓励，让他们感觉自己被接纳、被认同，这样能使员工快速适应工作，掌握工作流程，提高团队凝聚力。

2.5 案例分析：房产中介企业如何打造能力复制系统

将已经被证实成功的系统迅速复制，你就能迅速成功，这就是复制的神奇力量。

一家房产中介企业作为行业翘楚，是如何从一家门店快速裂变出几千家门店的呢？

为了让每一个新加入销售团队的成员能够快速进入状态并能够产生绩效，它对每一个在店面报到的新人，都会安排为期 7 天的封闭式入职培训，以便帮助新员工更好地理解业务内容。

7 天封闭式入职培训之后，店长还要根据企业为新人专门制定的辅导手册，对新人进行 7 天的店面培训，包括店长安排新人做社区商圈调查，并给予新人一个详细的工作步骤指引。同时，店长在新人辅导期间，也可以考察新人接受专业知识的能力以及新人的工作态度等。当然，新人在此期间也可以认真考虑自己是否接受企业的文化，是否真正有意愿从事房地产经纪这项工作。

企业一直立志打造一支人员稳定，并能够持续产生高效业绩的团队，但它的销售团队与其他公司的销售团队一样，同样面临人员流失严重且难以保持业绩稳定增长的问题。为了能最大限度提升业绩，顺利达成销售目标，企业特别注重团队协作，他们明白，好的团队靠的不能仅是某个人，而是靠整个团队共同努力创造业绩。比如，他们实行师徒制、业绩共同分配等。

这家企业正是由于对销售团队进行系统化、步骤化的团队管理，才从一家中介公司，成长为一支房产中介的“铁军”。所以，企业在建立销售团队时，无论是对刚入职的新人，还是对已经有经验的成员，都要做到内容明确、步骤清晰、标准统一，如图 2-4 所示：

1	商圈基本数据
2	业务流程
3	费用计算方法
4	优势数据分析

图 2-4　房产中介标准化培训

人员入职后首先需要快速掌握商圈基本数据，例如房屋户型、房屋价格、周边公交与学校分布等情况；其次需要掌握业务流程及税费、中介服务费的计算方法与理论依据；最后由于房产中介行业的特殊性，需要掌握网络发布信息的方法，并在遇到客户时，能够把本中介机构的优势以数据的形式表达出来。

团队在运作中，要对一些有助于团队运作的经验进行过滤和筛选，以形成适合自己团队的经验，最后在团队中进行复制。复制系统直接关系团队其他成员是否可以达到统一的工作思维模式和行为模式。团队复制的范围应该是团队中的每个成员。

第3章

标准化工作系统：将成功经验传承下去

每个行业都有属于自己的标准化工作系统，只有将成功的经验不断传承，才能保证企业运营长久稳定。销售部门作为企业的基石，经验传承的作用不可小觑。本章将就企业经常遇到的实际问题，详解如何搭建标准化工作系统。

3.1 团队管理的最高境界是工作标准化

销售不是一门随意发挥的艺术，它是一门科学。销售应该是标准化的，从与客户接触那一刻起，先做什么，后做什么，是有工作流程的。标准化的销售，既能实现业绩目标，也能使企业优秀的销售经验得到发挥。

上海某家企业的一位销售经理对此深有感触。她的上级领导每月都让她提供预测表，预测表中需要填写每个项目所处的状态、成交概率、成交月份。当时她很不理解上级领导的用意，感觉很麻烦。

这位销售经理感到麻烦是因为预测表要填大量统计方面的内容，她不清楚填这些内容的作用是什么。现在回过头想想，她发现自己当时其实并没有深入了解预测表中的内容。

预测表将一个项目分为多个阶段，这其实是销售的流程管理，由于她不明白其中深意，执行结果因此打了折扣。

其实，随着销售工作的深入，销售人员慢慢意识到客户采购流程大体上都是近似的。

对于客户采购所处的不同阶段，销售人员要做的工作内容不一样，需要积极配合客户从上一阶段向下一阶段推进。建立在这一基础上，我们制定一个初级的销售项目管理表，将销售过程划分为“用户上报”“上报批准”“采购洽谈”“合同签订”这四个阶段，从而进行销售流程管理。

虽然我们的销售项目管理表在这时候还处于初级状态，但是已经足够帮助我们的销售人员和销售经理对销售工作进行管理，还可以帮助我们分析自己有多少项目，每个项目又处于哪个阶段，针对不同的阶段我们应该怎么做才能推动项目往前走。

从这个意义上来讲，销售项目管理表对销售业务的发展还是很有帮助的。

什么是销售流程？从定义上来看，流程就是一系列系统化的行动，也可以认为它是为了达到某一目的而采取的一系列明确的、可重复的措施。如果能按照这些措施行动，就能够在很大程度上达到预期结果。销售工作也是这样，销售是一系列明确的、可重复的措施，如果持续依照实施并善加运用，就较容易达到预期结果。其实优秀的销售流程就是能够做到识别、分析、审核以及衡量销售机会，从而为下一个举措奠定基础。

A公司对销售部门实行了流程管理。公司的销售流程管理开始实施后，各种各样的声音不绝于耳。对于销售经理，大家都比较支持，并且十分期待销售流程管理给大家带来的效益。而对于部分销售人员来说，就不是这样，因为信息的录入工作主要依靠销售人员完成，从而增加了不少的工作量。而这些销售人员中又不乏优秀的销售人员，他们认为销售流程管理对销售经理有利，能够帮助销售经理看到销售机会，从而判定销售机会所处的状态，以便实现管理。其实，销售流程管理对于销售人员来说，同给销售经理带来的效益是一样的，带来的效益主要可以从以下六个方面表现出来：

1．帮助系统分解和管理工作

销售流程管理把销售项目划分为几个阶段，而销售人员和销售经理可以通过销售流程管理，按序把销售项目运作与实施的流程划分为这几个阶段，在每个阶段采取相应的行动策略，从而可以有条不紊地管理销售工作的进展。

2. 帮助对齐销售目标

销售流程管理可以促进销售漏斗的形成，销售人员和销售经理可从销售漏斗分析当前的商机状况：商机是否足够支撑销售目标的完成，所有的销售商机是通过什么因素进行分布的，如今都分别处于哪个阶段，从而帮助诊断和发现销售工作中的不足。如果发现商机不够，那么就需要加强推广，促进更多商机的产生；如果商机充足，就要分析各阶段的分布状况，分析为了达成销售的目标，大家的销售工作应该如何进行。

3. 帮助聚焦重点工作

销售流程管理可以帮助销售人员和销售经理识别重点销售项目和关键节点的销售项目，有助于充分了解项目所处的状态，从而制定具有针对性的方案，对项目进行重点跟踪和促进工作的完成。

4. 帮助做销售预测

销售流程管理可以帮助销售人员和销售经理确切了解销售项目目前的阶段，这样一来，销售人员和销售经理对成单的预测就能做得更加具体和准确，从而促进公司的订货或生产计划。

5. 帮助培养销售团队

有人说，好的流程能够让平庸的人变得优秀。销售流程管理就可以验证这一点，它可以总结优秀销售行为的经验，让所有的销售团队都可以根据销售流程进行工作，从而提高销售人员的专业化水平，促进团队和个人绩效的提高。

6. 帮助统一销售语言

销售流程管理有利于统一销售语言，从而有效促进所有销售人员与客户之间沟通和交流。

销售管理的最高境界是标准化。销售从某些角度来看是一个复杂的管理过程，人们有时是靠艺术、想象、智慧等完成工作，然而，管理最需要的还是科学，科学的管理是可以让大家模仿和复制的，而模仿和复制的关键因素就是标准化。

3.2 工作标准化助你带出更多高业绩下属

长期以来，不少人都把销售当作一门艺术，无论是经验、悟性还是灵感和个人的随机应变，都占据着重要地位，因此，很多企业的销售都被称为“精英销售”。一些企业依靠优秀的销售人员，充分发挥这些优秀销售人员的杰出能力，从而为企业在市场上斩获一片天地。销售经理总是费尽心思从不同的渠道挖掘优秀的销售人才，但不足的是，某些销售精英的跳槽频率非常高，管理并不容易。

“销售精英”既能为企业拓宽市场，但同时也在企业的市场中有影响过大的问题，甚至一些人可能在辞职时将客户带去其他企业。这还给一些企业带来一个问题：如果企业没有及时找到或培养出销售精英，那么企业就只能依靠相对普通的销售人员。此时，标准化的重要性就更加凸显出来。

放眼世界，观察那些优秀企业的销售管理，大家可以发现，这些企业有一个共同的管理理念：让平凡的销售人员做出不平凡的销售业绩。优秀企业更重视销售团队的整体销售能力而不是销售人员个人的销售能力。怎样才能做到让平凡的销售人员做出不平凡的销售业绩呢?

最好的方法就是实现标准化。优秀企业除了可以把生产过程标准化，还会尽可能地将销售过程标准化。一家著名的饮料公司把超市陈列的产品标准化，对销售人员巡视市场也进行标准化，如销售人员是顺时针方向走还是逆时针方向走，都是有明确规定的。

优秀企业都有属于自己的标准化销售手册，销售人员人手一册。有些企业在这个基础上更深入一层，对经销商的销售过程也进行规范化。有企业仅客户销售手册就制定了几十本，销售人员需要经常对经销商进行标准化操作与管理培训，以保证经销商都能够进行规范运作。

标准化的销售程序管理，通常是建立在对销售的每个方面都进行深入细致研究的基础上，通过总结优秀企业和优秀销售人员的经验与教训而制定出来的。标准化的最大优点就是能够有效避免销售人员反复“交学费”，弱化销售人员个人经验、能力、悟性等各方面的影响。一般来说，一个普通销售人员，如果已经按照标准化的销售程序进行销售工作，可以在很大程度上减少失误，从而取得所期望的销售业绩。

优秀企业一般都具备这样的特点：靠科学、标准化的销售支撑企业强大的销售能力，而不是只靠少数能力突出的销售人员。那些在科学、标准化的销售体制之下能够取得突出业绩的销售人员，一旦离开这些优秀企业，就失去了企业强大销售能力的支撑，其业绩可能就会出现大滑坡。因此，企业建立了标准化的销售管理体系，销售人员的离职率会比其他企业要低，离职后对企业可能造成的损失也不会很大。

3.3 加强监督，制定管理内容及管理标准

销售工作看似无章可循，但实际上它也有一套整体、系统、规范化的标准。销售团队其实是一个有着严格纪律但又充满人情味的组织。公司对整个

销售团队实行标准化的管理，管理内容及管理标准从整体上可划分为六个部分：销售目标、营销流程、销售过程、销售考核、工作汇报、销售提成。

1. 销售目标

销售目标并不是一个简单的数字，它是由销售额目标、市场占有率目标、客户结构目标、客户数量目标、产品占比目标、利润目标等构成的庞大体系。不管公司是何种规模，如果想要达成年度销售目标，那么以上任一要素都不可或缺，把这些要素与时间维度结合起来，就是对销售目标最精准的管理。

（1）传统销售目标的管理

传统销售目标的管理方法是分解法，将管理目标同时分解到个人，分解到各层级市场单元，分解到客户，分解到产品，分解到月 / 季度，它们之间是并列关系，如图 3-1 所示：

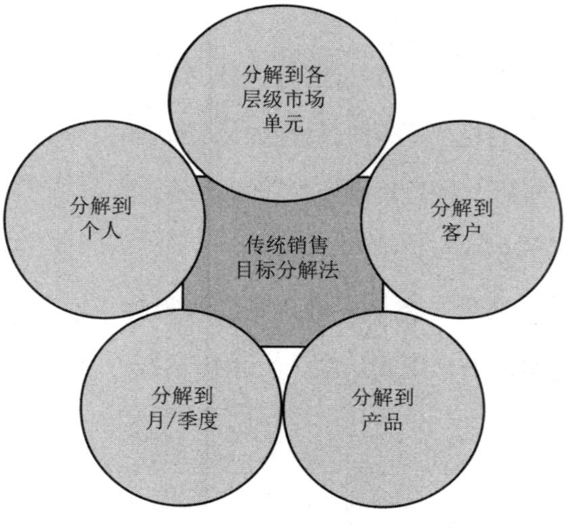

图 3-1 传统销售目标分解法

（2）新型销售目标的制定

新型销售目标采用循序递进的方法，先由底层自定，再逐级汇总，然后确定目标，最后下达目标，如图 3–2 所示：

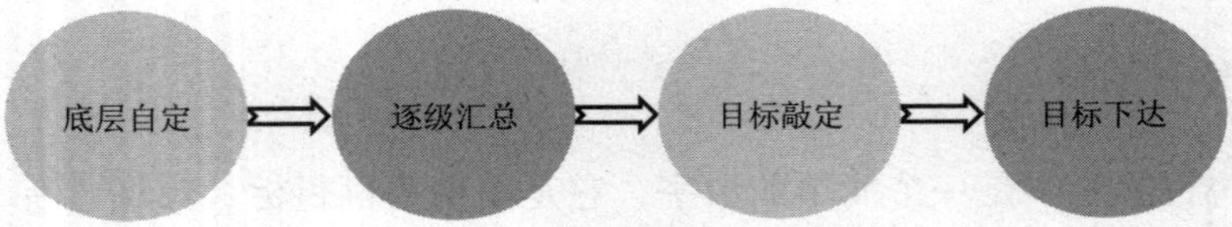

图 3–2　新型销售目标循序递进法

第一步：底层自定

底层销售人员根据个人能力与上一年业绩以及市场情况制定个人月度、季度、年度销售目标，并且明确每类产品的销售业绩，汇报给上级。

第二步：逐级汇总

销售部门管理人员对下属员工自定的销售目标进行汇总分析，并加以修正，最后统一上交销售部负责人。

第三步：目标敲定

销售部负责人根据收到的汇总信息进行总体分析，考察汇总目标是否符合公司发展战略，能否达到公司的目标要求等。如果存在较大差异，负责人会做出全面调整，然后上报总经理审核批准。

第四步：目标下达

总经理审核通过之后，将最终确认的销售目标下发给所有销售人员，并要求他们签订任务承诺书，正式认领个人销售目标。

2. 营销流程

营销是一种以满足人的需要为目的的交换活动，营销流程是销售人员匹配客户需要的过程，营销流程管理是企业重要的管理职能之一。营销主要流程如图 3–3 所示：

（1）首先销售人员需要大量搜索客户，罗列出意向名单，并及时把客户信息录入公司客户关系管理系统中，后续还要不断更新和完善客户信息。

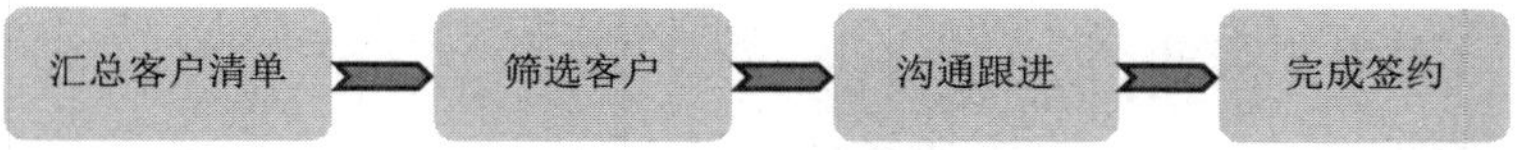

图 3-3　营销主要流程

（2）销售人员要有目标地对意向客户进行筛选，分别整理出重点客户和一般客户，把重心更多地放在关键客户上。

（3）销售人员应优先跟进重点客户，主动预约拜访，详细了解客户需求，持续跟进。

（4）确认最佳合约方案，完成签约。

3. 销售过程

社会商品领域的根本问题不是实际产品的生产，而是这些产品的销售。销售过程是促进商品流通和资金运转最重要的过程。

（1）寻找和开发潜在客户

潜在客户必须具备两个基本特征：有购买意愿和支付能力，二者缺一不可。寻找潜在客户的途径有多种，常见的有朋友介绍、广告宣传、电话邀约等，销售人员应从多方面收集信息。

（2）做好前期准备工作

销售人员应具备关于公司、产品、客户、流程以及竞争企业的过硬的专业知识，并且掌握潜在客户的个人和商业活动信息，准备得越充分，成功的概率就越高。

（3）与潜在客户建立良好的关系

销售人员与潜在客户的初次见面是销售过程中最关键的时刻，销售人员必须吸引客户的注意力，采用专业讲解和耐心聆听客户需求的方式，与客户建立信任感，回答问题时要体现对客户的关心，以便能够与客户建立良好的关系。

（4）了解客户需求

了解客户需求是销售过程的基础，对客户的需求了解越详细，销售效率就越高。

（5）介绍公司产品

针对客户需求，销售人员要把公司产品详细介绍给客户，尤其是要重点描述产品与客户需求的契合度有多高。而且销售人员要不断与客户进行交流，确保客户能够准确无误地接收产品信息。

（6）处理客户异议

销售人员必须解决客户提出的一切购买问题，有异议就表明客户是有购买意愿的。

（7）成交

解决客户所有购买问题，成交后，销售人员要对客户表达真诚的谢意。

（8）做好回访，要求转介绍

交易之后销售人员要继续与客户保持联系，这有利于开拓新市场和重复销售。进行回访会给客户留下好印象，有利于客户进行转介绍。

4. 销售考核

一般来讲，销售人员的考核分为三种：试用期考核、日常考核、季度 / 年度考核。

（1）试用期考核

试用期考核主要针对新入职员工的业务能力和管理能力进行考核，为员工转正、加薪等提供客观依据。

（2）日常考核

日常考核主要考察全体销售人员是否符合工作过程中的各项基本要求，

以 100 分为基准，实行扣分制。

（3）季度 / 年度考核

季度 / 年度考核是针对已经转正的销售人员的工作业绩进行的考核。

5. 工作汇报

工作汇报主要包括日报、周报、月报、例会管理等。

6. 销售提成

销售提成亦称销售激励，销售提成是否合理，对公司的营销体系和销售业绩有着重要意义。销售提成一般按照销售额、利润和毛利进行激励，大多数企业都是根据这三项指标进行业绩提成。

3.4 辅导新员工，明确岗前培训标准

很多公司新员工入职都会有 7 天的培训期，这 7 天公司会对新人进行岗前培训，同时公司与新员工在这 7 天中要进行双向认识。新员工要了解公司、工作内容以及工作流程等，而公司则要考察新员工的能力，是否适合这个岗位。以下是某公司销售部新员工入职 7 天的工作标准。

第一天

参加公司晨会，感受公司文化氛围，与老员工进行接触；办理入职手续，新员工自我介绍，相互认识，进行交流，让新员工尽快融入公司团队；发放员工手册以及演示 PPT 让新员工了解公司所处的行业环境以及在市场中的状况；了解公司的组织结构、经营状况和发展目标；指导他们根据公司发展目标进行职业规划；最后介绍相关的销售管理制度、考勤制度、办公制度、薪酬制

度、差旅制度等。

上述活动的目的是让员工对公司有信心，对这个行业有信心；了解公司，认同公司，接受公司；让员工明确职业规划与个人成长的意义，让员工明白企业是个人成长的重要基石。让员工从打工者的角色转变为合作者的角色。

第二天

检查新员工对公司企业文化、公司品牌品类及主要作用的了解情况；讲解工作内容、工作职责和标准；让他们了解从事销售的好处以及应该保持什么样的心态从事销售。目的是让员工明确自己的职责，对销售工作产生信心。

第三天

初步培训所销售产品的基础知识，讲解产品结构、特点、质量、性能、标准、定价及竞争产品比较等。每个系列都需要根据样品进行讲解及实际操作。

这是销售人员培训最主要的内容之一。产品是企业和顾客的纽带，销售人员必须对产品知识十分熟悉，尤其是要熟悉自己所销售的产品。

第四天

进行礼仪训练，包括上班礼仪、电话礼仪、待客礼仪、销售礼仪；如何与客户沟通（在顾客购买产品或使用过程中提出的问题进行解答），沟通的方法和原则。

第五天

讲解销售前的准备；如何接近潜在客户；销售过程的谈判技巧：形象、销售思路和销售沟通技巧的深入培训（专业解答、产品营运价值、产品折扣或活动、售后服务、建立销售人员特质——自信心）；合同的签订等。

第六天

讲解客户开发管理、客户的业务支持与辅导、客户关系维护、客户异议处理、客户信息管理等。

第七天

进行案例分析，对市场开发过程中的突发性、经常性的问题进行集中讨论，提升销售人员的自身抗压能力和实战经验。

3.5 学习专业知识，全方位熟悉产品

成功的销售员一定要对所销售的产品非常熟悉，掌握做好销售要具备的专业产品知识，成为自己销售产品的专家。

如果对客户提出的问题不清楚或者不了解，客户就会认为我们并不够专业。客户往往会因为没有得到满意回答而打消购买产品的念头，这时销售人员就因为对产品解释不足或者宣传力度太小影响了自己或者团队的销售业绩。销售人员只有百分之百了解自己的产品，才能为客户答疑解惑。一个优秀的销售人员，首先要熟识自己的产品，了解自己的行业，为谈判打好基础。

记住：你的任何一位客户都不会比你更相信你的产品，你的产品是靠你的信心和你对产品的专业说明并推销给你的客户的。说服本身就是一种转移，你的客户接收了你的信息，从而与你搭建了沟通的桥梁。销售人员熟悉产品有以下几个标准，如图 3–4 所示：

1. 产品的优缺点

顾客之所以购买某种产品，是因为产品好，或者使用该种产品能解决他们的某些问题，他们需要的是产品的好处，也就是产品的功能之所在。同时每一种产品也会有这样或那样的缺陷和不足，沟通时不避讳这些缺点会提升你在客户心中的真诚度，使你与客户的关系更近一步，并有可能使顾客成为

你的产品宣传员。

产品的优缺点

成分、生产工艺以及包装

同类竞争对手的产品以及自己产品的竞争力

服务

运输方式

图 3-4　员工应该熟悉产品的五大要素

2. 成分、生产工艺以及包装

向客户解说产品的成分、生产工艺以及包装，能够突显自己的专业；向顾客塑造产品的价值，能帮助销售人员提高说服力。

3. 同类竞争对手的产品以及自己产品的竞争力

当今市场，竞争日益加剧，要想使自己的产品在竞争中站稳脚跟，就必须让产品拥有自己的特色。我们必须了解所在行业的其他同类产品，帮助销售人员做顾客分析，使顾客获得有效果的比较。但销售人员不能盲目批评竞争对手的产品，只能做分析。销售人员在向顾客推销产品的过程中，一定要把自己产品的特色发挥得淋漓尽致。这些特色可以表现在很多方面，比如产品名称的意义、材料优质、质地上等、规格标准、美感适中、颜色淡雅、包装精美、功能多、科技含量高、价格实在、结算方式便利、运输方式多样化、服务良好、市场占有率高、顾客满意度高等方面。

4. 服务

对于如今的消费者来说，产品的质量和价格已经不是评价产品的唯一标准，产品的售后服务也是影响消费者购买欲望的重要环节。当然，产品的服务不只包括售后服务，这种服务贯穿于产品销售的整个过程。因此，销售人员必须了解清楚自己销售产品的相关服务，这也是产品熟悉的一项重要内容。

5. 运输方式

近年来，快递业发展迅速，这与顾客对于产品配送的需求越来越高是分不开的，所以我们也应该了解产品的配送方式，让顾客知道自己什么时候能收到产品。

3.6　将工作分解为标准化流程，效率不断提升

在管理学中流传着一种说法：没有标准化，就没有管理。当一项模糊性的销售工作被分解成若干项标准流程时，工作就能变得一览无余。一些凭借直觉和经验无法断定的工作内容，在客观的指标下就会清晰地显示出来。业务流程标准化可以说是区分传统销售和现代销售的显著标志。销售团队有八大业务可流程标准化，如图 3-5 所示：

1. 新客户的拜访与老客户的回访流程

（1）根据不同的销售考核标准，销售员自行设计个人不同时间段的客户拜访计划以及以书面形式记录每一日的工作；

（2）销售员在每周工作例会时向领导汇报下周计划重点和拜访客户方案，

并接受领导的指导，最终确定下周的计划重点、拜访客户与重点回访客户；

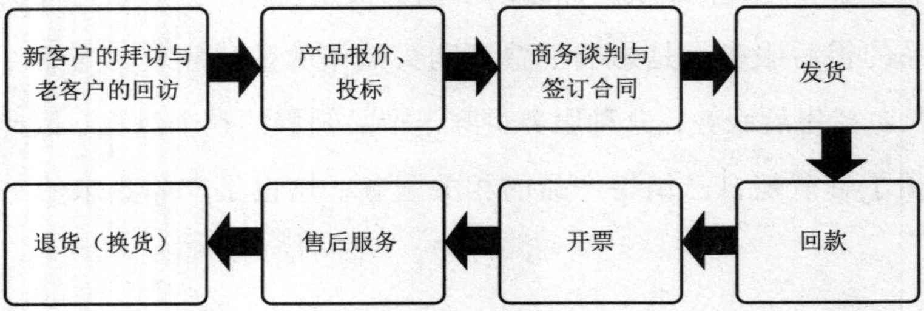

图 3-5　销售团队可流程标准化的八大业务

（3）销售员按照计划对客户进行及时拜访与回访；

（4）在计划的拜访与回访结束后，应将拜访或者回访的重要信息如实记录并正确统计信息；

（5）销售员在每周工作例会时将拜访与回访的重要信息向上司汇报；

（6）领导根据销售员的工作予以不同程度的指导和安排。

2. 产品报价、投标的流程

（1）销售员得到有用信息应第一时间汇报给部门经理，并由经理或者公司领导指示是否参加；

（2）销售管理员负责整理用户的询价书或者其他招标信息，必要时可请其他部门协助；

（3）技术部工作人员对产品疑难问题进行协助和支持；

（4）重点产品的原材料采购及交货期调研交给采购部处理；

（5）最终报价或标书由销售部经理或公司领导做指示后进行审核，确认后方可进行打印；

（6）正规的报价单或投标书由销售管理员制作，装订成册确认无误后盖章，发出参加比价或投标的通知以完成这一步骤。

3. 商务谈判与签订合同的具体流程

（1）在给客户报价或投标后，销售员可根据实际情况与客户进行商务谈判；

（2）在与客户进行商务谈判的过程中，销售员应及时向销售部经理通报此次商务谈判的相关情况（如遇重大合同则要向公司领导请示）；

（3）与原报价或投标文件发生不同程度偏离的任何技术、任何商务条款，销售员需经销售部经理或公司领导指示后再次确认如何执行；

（4）签订销售合同要在销售部经理或公司领导指示下将所有问题解决之后；

（5）销售管理员必须于当日保管存档经销售部经理确认后的正式“销售合同”；

（6）在销售部经理或者公司领导指示并确认下，可执行因客户原因无法签订正式合同或者以其他方式通知订货的方案。

4. 发货流程

（1）销售员或销售管理员填写“需货申请单”，并需要根据“销售合同”填写；

（2）经分部经理审核确认“需货申请单”后上报销售部；

（3）“销售合同”及“需货申请单”需由销售部经理审核；

（4）根据销售部经理审查核对后的“需货申请单”，由销售管理员开具“销售出库单”，并将“销售出库单”第二联交与库管；

（5）库管确认后办理出库手续；

（6）销售管理员存档由客户签字的“客户确认单”。

5. 回款流程

（1）销售员向客户催款；

（2）销售员根据实际情况填写“收款申请单”；

（3）销售部和财务部审核后确认；

（4）将此信息反馈给客户；

（5）客户回款给公司。

6. 开票流程

（1）销售员根据实际情况填写“开票申请单”；

（2）销售部审核“开票申请单”；

（3）财务部开票；

（4）交客户确认并签收。

7. 售后服务流程

（1）接到客户售后服务申请后，必须由销售部经理确认；

（2）销售管理员填写“售后服务申请表”，确认无误后发给技术部；

（3）客户和技术部进行有效沟通；

（4）技术部将反馈给销售部经理及内勤此次的服务状况、处理结果；

（5）销售管理员与所属销售员进行内部有效沟通。

8. 退货（换货）流程

（1）倘若客户提出退货（换货）申请，将由销售员报销售经理确认；

（2）由销售员核对客户欲退货（换货）产品的品名是否正确、规格是否标准、数量是否一致；

（3）技术部鉴定退货（换货）产品真伪的同时需要销售员配合；

（4）核实无误后的“退货详单”由销售分部报销售部经理审核；

（5）根据审核的“退货详单”，由销售管理员开具红票的“销售出库单”，销售员将第二联交与库管确认保管；

（6）库管确认后办理退货（换货）手续。

3.7　提前做会议规划，拒绝临时抱佛脚

销售人员要经常参加各种各样的会议。据调查，企业 80% 的员工是因为在会议上的突出表现引起上司的注意和赏识从而获得晋升的。销售例会是指各公司销售部门围绕销售这一主题定期举行的会议，用于解决销售中所遇到的问题、交流销售经验、制订销售计划并激励销售人员。

“凡事预则立，不预则废。”要想召开和组织高效会议，那么，会前准备工作必不可少。我们就以销售例会来说，销售团队会议需要注意，有四大常见的问题，如图 3–6 所示。下面再来具体分析一下。

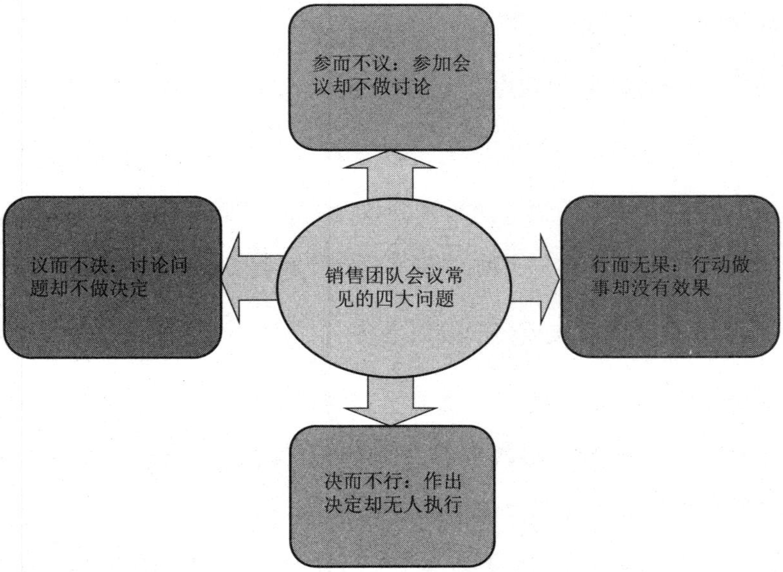

图 3–6　销售团队会议常见的四大问题

1. 召开例会的必要性

曾经有调查部门对公司召开的会议进行过调查，发现很多公司的会议是

为了开会而开会，流于表面。召开例会前我们应该确定本次销售例会有没有必要召开，它的召开对于团队是否有作用，否则就是白白地浪费人力、物力。

2. 销售例会的目的性

销售例会必须明确此次会议举行的目的与意义，我们要在会前做好规划，确定会议要达到什么样的目标。

3. 例会的主要议题

主要议题，即例会要解决哪些问题，销售例会的议题能否确定是非常重要的，因为议题主导着例会的方向，一切以例会主题为中心。销售例会只有明确此次会议的主要议题，才可以让参会人员做好准备，保证会议的高效召开，确保能够达到预期的效果。

4. 例会的召开时间和地点

即确定销售例会议题与内容后，就要确定例会举行的时间和地点，同时还要制定公司销售例会的会议流程和会议纪律，比如，不准无故迟到和早退，要保持手机的静音或关机，会前要进行充分的准备等。

5. 必要的会议资料和设备的及时准备

即在例会举行之前，要把会议要用到的相关材料准备好，如所需的销售报表、工作总结、绩效考核等资料，同时还有投影仪、笔记本等会议设备，避免由于缺少设备而导致会议的推迟或中断。

销售经理只有在会前明确和准备好以上五点，才能保证会议的高效召开，避免临时抱佛脚现象的发生，使自己在例会举行时，能有的放矢、胸有成竹。

第4章

高效带教系统：科学培训引爆团队业绩

很多人也许是一名优秀的销售人员，但未必是一位称职的带教老师。带教是一种非常优秀的培训机制，销售部门工作的各个环节都离不开带教，其能够帮助新入职员工迅速实现能力提升，提高工作效率。本章将详解带教制度全流程，以帮助销售人员更快理解。

4.1 带教系统两大核心：师徒制、树标杆

销售团队如果想要成为高业绩、高质量的团队，就先要从培训机制入手，在人力培训上，科学合理地加以管理，这对提升销售团队的综合实力有着至关重要的作用。

有一些销售团队因为规模小、人才缺乏、制度不完善等问题，需要经过培训改变团队的现状，但往往因为许多条件的限制，导致培训效果并不理想。很多销售团队都在培训上遇到了培训经费、场地以及带教等问题。有效的培训是通过科学的手段，针对专业知识与技能展开培训，使销售团队员工的综合技能得到大幅度提升。销售能力得以充分发挥的过程。如果没有经过培训，新成员在自己摸索的过程中就极有可能犯错，这不仅浪费销售团队的时间与成本，还会拖累销售团队的进程。

如果新成员没有经过有效的培训，对销售团队的业务流程一窍不通，在这种情况下，新成员就很难在销售上与客户达成交易。而在新成员没有业绩的同时，销售团队还要支付其工资，这无论是对团队还是新员工，都不是一种好现象。

新成员对业务流程不熟悉，会让他们在向客户推销的过程中频频失误，很难与客户达成交易。而新成员由于长时间没有开单，很容易出现消极的情绪，工作积极性降低不说，还有可能蔓延到其他成员的身上，造成整个销售

团队都笼罩在“低气压”下。

事实上，很多调查显示，销售团队所有的老员工都是身经百战、销售能力很强的工作人员，有的团队负责人就是从前的销售冠军。他们由于长期接触销售工作，对团队需要开拓的市场有着深层次的认知，所以使用老员工作为培训人员，这不仅是一种珍贵的资源，还是一个提高培训效率的有效途径，可以大大增强新成员的培训效果，如图 4–1 所示：

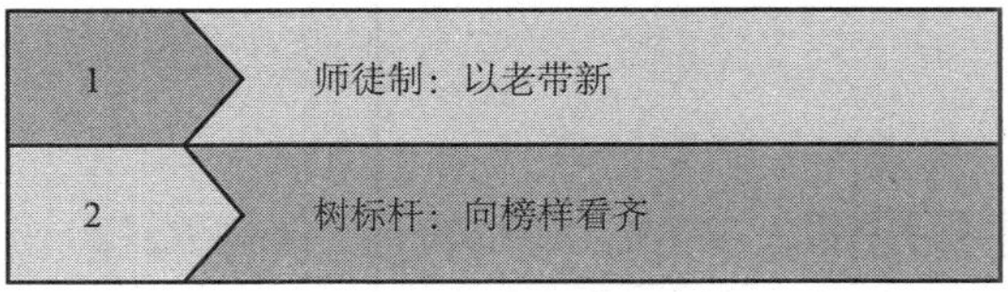

图 4–1　培训两大策略

很多企业采用师徒制，这种带教方式在保险和地产类的企业做得非常出色，方法也非常简单。怎么操作呢，比如，今天来了一个新人，新人由资深的销售人员带，新人只要出单师傅就可以得一定额度的奖金。

地产公司 A 采用这种模式，大量招收应届毕业生，它在每个区域开新店的时候都会从其他区域带一批资深销售人员过去。资深销售人员带一个新人就可以拿到一定的奖金，所以很多资深销售人员特别愿意带新人，这就从机制上保证了资深销售人员有意愿带新人。所以我们发现有些地产公司扩张的速度很快，背后其实是其人才复制的速度快。

“树标杆”其实是一种企业文化。比如，电视剧《亮剑》中的李云龙，他的队伍里能人辈出，大家的思想和认识高度一致，就是打胜仗就要逢敌必亮剑，打败仗就会抬不起头。

在做培训的时候，一定要有意识地树标杆、树典型：你要定义组织需要什么样的标杆，找出来；如果找不出来，那就想办法从现有的人里面选拔培养。一个销售队伍如果没有标杆，没有典型案例，是很难做好的。

另外，销售团队可以安排其他的老员工加入编写培训材料的工作，由这些资历深厚的老员工充当不同方面的带教，向新员工传授销售经验，从而提升新成员的销售技能。团队的负责人还可以设置一些奖励机制，鼓励曾经的销售冠军将其特有的销售技能与经验写成书面报告，经过销售团队负责人的阅读与认可后，在团队内部进行宣传，营造一种知识共享的气氛，使整个团队的业务技能都能有所提高。

4.2　精英下属是培训出来的，切勿抱有侥幸心理

没有天生的精英，只有培训出的人才。如今各家企业都开始意识到培训的重要性，并且加大这方面的投入。例如华为、阿里巴巴等财力、物力充盈的大企业建立了专门培训人才的机构，如阿里巴巴学院、华为大学等。对于企业来说，虽然每年上亿元的培训经费价格不菲，但回报也非常丰厚，调查表明，摩托罗拉公司每在培训上投入 1 美元，就能在 3 年内获得 40 美元的回报。

一流的企业需要一流的业绩，一流的业绩需要一流的人才，一流的人才需要一流的成长体系。对于员工来说，涨工资、发奖金固然重要，但前途和未来更加重要。高质量的培训不仅能提升工作效率，更能增加员工的知识与技能，提高他们的个人竞争力，为他们开创光明的未来。

有些管理者不重视培训，寄希望于直接面试到合适人才。事实上，这种概率是非常低的。首先，员工的能力需要逐步积累，只有反复练习才能成为熟练工；其次，任何一个人才进入企业都需要经过价值观磨合期，只有统一目标，才能保证整个团队劲往一处使。

培训体系的建立可以将前人几年甚至几十年的经验压缩，形成简单、易操作的模板，帮助新员工快速掌握工作技能，成为战斗力。例如“师徒制”就是一种常见的经验复制系统，老员工一对一辅导新员工，可以让新员工快速且正确地上手工作，缩短其成长的时间。在销售行业，“师徒制”是非常有效的培训方法。一些无法呈现在培训资料中的细节，例如不同客户的特点、谈话内容的言外之意、不同产品的销售方式等，都可以由老员工告诉新员工，提升新员工开单的概率。

4.3 总结培训重点，由带教亲自演示

陈经理和同行的一位朋友聊天的时候，谈到新员工给客户打电话的问题。陈经理说：“新来的那几个同事培训考核成绩都不错，可真给客户打电话时，却总是唯唯诺诺没有底气，总让客户说不专业。”朋友哈哈大笑说：“我刚入行时也是，每天打电话都希望客户挂掉自己的电话，因为不知道如何跟客户表达，有时候客户接了电话，讲话声音也很小，总觉得不好意思。”

其实这种现象在团队中特别常见，新成员哪怕接受了培训，还是缺乏实战经验，这时候团队的带教就应该挺身而出，把培训重点内容在新员工面前演示一遍。例如，带教可以亲自给客户打电话，在打电话过程中合理运用一些技巧，让新员工学会怎么把这些技巧运用到工作中；打完电话后，要对这个过程做出分析，总结出优点与缺点，加深新员工对打电话环节的切身体会。

“纸上得来终觉浅，绝知此事要躬行。”要知道从事具体的工作，只有专业知识是不够的，因此，为了增强员工的实践能力，亲身感受是最好的方式。因此带教演示时，要做到以下三个方面，如图 4–2 所示：

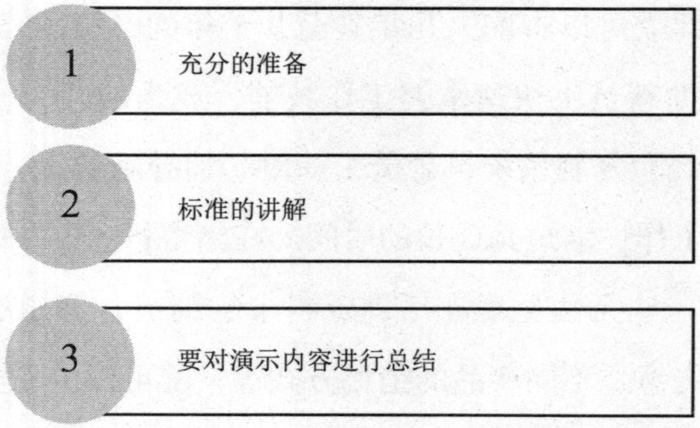

图 4-2　带教演示要做到的三个方面

1. 充分的准备

有些带教认为自己是前辈，带了那么多人，不太会出现错误。事实上，很多失败的案例都是由于带教过于自负导致的。如果因为带教过于自负而在演练中出现问题，不仅会给员工一个错误的讲解，还会在员工心中留下不好的印象，导致员工对带教日后的培训内容、工作指示都抱有怀疑的心态。

因此，带教要做好充分的准备，多加练习要演示的内容，熟练到不会产生技巧上的问题时，再给员工们干脆利索地演示。

2. 标准的讲解

标准的讲解分为三步：理论部分、流程部分、案例部分。理论部分为工作提供了底层支撑，流程部分让员工能够掌握基本的步骤，案例部分能够结合实际分析工作行为。

在培训中，带教可以让员工进行角色扮演，介绍公司、介绍产品、讲述成功案例。有位资深带教说过："事实上，不少员工都不能清晰地、有逻辑地把这些要素说清楚、讲明白。"例如，员工在课程中进行的客户拜访模拟，明明大家都能感觉到开场情景有问题，但又说不清楚哪里有问题。带教和员工一起，让相关的情景再现，然后再一起讨论、分析如何能让情景更有效，这样做才能让员工在不知不觉中投入学习。

另外，带教内容一定要有系统性，教哪些内容、怎样教，也需要制定标准并使用一些相关的技巧。只有制定好流程、标准，关注细节，才能获得想要的带教效果，避免新员工走老员工曾经走过的弯路和远路，帮助新员工分析失误原因，积累正确的工作方法，让其工作快速步入正轨。

心理学表明：提升学习效率最好的方法就是“做”。因此，管理者可以模拟一个场景，和员工一起演习，教他们如何说话可以降低客户的反感，并在传授他们技巧的同时，让他们知道客户的拒绝很正常，不要因此丧失信心。

3. 要对演示内容进行总结

学校在考试过后，一般都会安排老师对试题内容再做一个充分的讲解。带教的过程演示其实跟老师讲解试题的性质一样。带教在讲解时，员工当时可能明白了，但过后忘得也快，所以才有必要对每次演示做一个总结，总结的内容至少要包括这次演示的重要性、正确的做法、出现问题的应对方法以及注意事项。只有不断总结，员工才能记得更牢靠，更好地得到提升。

4.4 指导下属精准模仿，评估优劣势

带教所演示的内容，一定要让员工模仿做一遍，这样才能找出差距，获得提升。

带教在员工第一次模仿时，要逐一监督，有针对性地找出员工与自己的差距所在。带教在带着员工模仿时，应该做到“四不”：不点评、不打断、不询问、不批评（如图 4–3 所示）。因为员工刚开始进行模仿时，难免会因不熟

悉业务流程，出现这样或那样的错误。

在模仿过程中，带教还要对员工面带微笑，时不时点头，给员工一定的信心，这样做有利于员工缓解紧张情绪、减少失误。

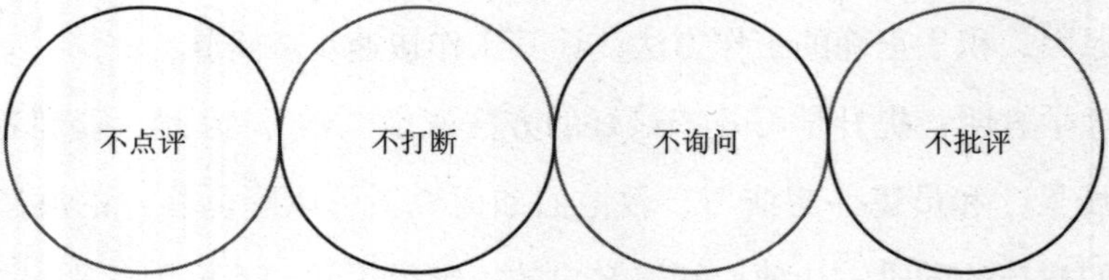

图 4-3　员工模仿时，带教应该做到的“四不”

模仿过后，带教要针对员工的表现一一做出评论。首先找出他们表现的优点，对他们的表现予以肯定，让他们感觉通过模仿带教的示范，他们是有所长进的；在表达肯定后再对错误做出分析，让员工认识到自己的不足，从而提升自己的工作技巧。

找出差距的目的，不是为了分出谁对谁错，而是为了成长提高，不要用对错评判员工的能力。在模仿过后，员工要对自己的表现进行总结发言，说出这次模仿带来的感受，这样做的目的是让员工分析现在的不足并在后续做出相应的调整，而不是单纯地评价员工工作的好坏。带教要认真和员工分析失误的原因，带领他们走上正轨。

4.5　重复演示有必要，借助数据对比找出问题

在第二次带领员工演习之前，带教要先提醒他们之前犯过的错误，让他们注意这一次不要再犯；然后再让员工们对自己的演习进行更深一步的对比

分析，不断与员工进行沟通，了解他们的思想状况，并利用标杆的作用进行积极引导，加强对员工的关心，增强团队的凝聚力。

带教在进行第二次教学演示时，应该比第一次更加突出重点。带教讲到重点内容时可以把速度稍微放慢一些，但不用像第一次那样给员工讲解分析了，只需要在旁边听员工讲带教的演示和他们的模仿有哪些差别即可；然后带教需要根据员工的讲述进行补充，总结他们忽略的问题，如和客户说话时，表情不够认真、态度太过强硬等，带教一定要具体分析，找出差距，为进一步缩小差距做准备。

深度的对比分析是必不可少的。带教在带员工做第二次演习时，可以使用对比分析法，和第一次的演习做出比较，如图4-4所示。对比分析法也叫比较分析法，是通过比较找出差距，并加以改进的一种方法。对比是找出差距最直观的方法。

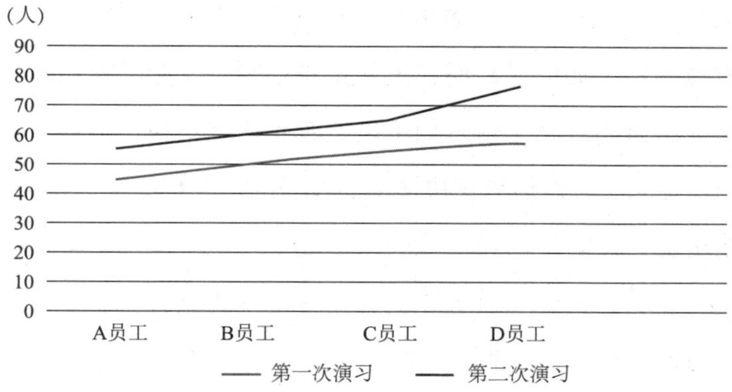

图4-4　某团队员工第一次演习和第二次演习数据对比

对比分析法也分为很多种，其中一种是水平分析法，水平分析法是指管理者要将员工的成绩与竞争对手或者公司里最强的人进行对比，找出差距。水平分析法包括两个重要的方面：一是制订计划，具体来讲就是根据已有的标准和参照物，确立目标，制订适合自己的计划；二是不断采取合理、有效的改进措施，取他人之长，补自己之短，不断提高自己的工作水平。差距不可怕，可怕的是我们明明知道差距存在，却不抓紧时间迎难而上，想方设法地赶上去。

4.6 下属多次练习，达到熟能生巧之效

练习一次是远远不够的，员工必须经过多次重复的演习，再被不断修正，才能达到理想的结果。有人说如果想成为团队的业务冠军，就必须有不怕吃苦的精神，因为想要获得更多的客户，就必须每天不断地奔走，积极主动地说服目标客户与自己达成合作。

任何工作都需要经过一个熟能生巧的过程，就像小豹子学习捕猎一样。大豹子在教授小豹子如何捕猎时，先是把猎物咬个半死，然后放在小豹子面前，让它实际给猎物致命一击。豹子虽然奔跑速度很快，但如果没有反复的实际演练，它是无法掌握捕猎又快又准的技巧的，天生的优势也会无法凸显。

机械性重复，肯定是枯燥乏味的。熟能生巧这个道理谁都懂，但不是每个人都能坚持下去，因此，员工才会有优秀与平庸之分。一个不怕辛苦能坚持磨砺自己的人，做什么事都不会太差。

综上，工作的实际演练是必不可少的，而且必须经过多次重复练习才能够达到理想的效果。员工要在重复中积淀，在重复中升华，只有量积累到一定地步才能促成质的飞跃，而这一切的关键在于管理者的鼓励以及员工自己是否愿意坚持。管理者要在团队中营造一种“死磕”的氛围，帮助员工形成不达目的不罢休的工作态度。

第5章

个性化督导系统：治愈团队顽固疾病

只有合格的管理经验才值得被复制并传承，督导系统是为确保管理制度的正确性而生的。合理的督导制度能够治愈团队的顽固疾病，保证企业稳定发展。本章将详解如何搭建个性化督导系统，帮助企业解放员工潜力。

5.1 健全制度体系，全力激发员工潜能

很多企业往往规章制度确立了，带教也演示了具体的做法，员工也照着做了，但是实际的结果却不尽如人意，员工们做得还是不够好，总是与我们想象中的效果有一定的差距。我们疑惑，明明努力了，并没有偷懒，也不是能力达不到，但是效果为什么还是不好呢？这时候就需要销售团队负责人健全制度体系，提高员工工作效率，如图 5–1 所示：

1.销售团队的规章制度要简捷有效

2.团队的制度必须大力宣传、讲解

3.明确惩罚制度

4.制度要有执行力

5.评选优秀员工

图 5–1　健全制度体系的五大要求

1. 销售团队的规章制度要简捷有效

要想让员工按照规章制度更好地执行，公司最好让规章制度变得简捷有效，制度在精不在多。有很多公司，制定了相当多的规章制度，而这些制度制定得非常详细，但是上到团队领导，下到底层员工，就是没有人看，就更谈不上有效地执行了。

因此，我们在制定规章制度时，一定要让制度简洁精确，抓住要点，把握核心，才能让员工明白我们的意图以及工作的重点。

2. 团队的制度必须大力宣传、讲解

凡是公司的制度，必须要在公司大力宣传、讲解，特别是对新员工，最好是组织实际的岗前培训，让他们能够清楚了解这些规章制度，这样在工作执行中大家才有依据。

3. 明确惩罚制度

惩罚有时比奖励有效。对于违背制度的员工，一定要严格对待。制度的制定就是为了规范员工，因此要想有效地规范员工的行为，就要按照规章制度严格执行，否则制度就没有办法落实。

4. 制度要有执行力

制度是用来执行的。对于经常违背重点制度的员工，一定要严肃，这样才会引起员工对制度的重视，加大执行力度。

5. 评选优秀员工

奖罚分明。将销售任务具体落实到每个员工身上，可以增强其责任心，这时候就要注意对员工进行客观的奖惩。奖惩过程中，销售团队领导要避免根据个人喜好奖励或者惩罚员工，造成对员工的不公平。奖罚分明是对员工最有效的管理方法，能让员工在公平的制度中督促自己进步。优秀员工的评

选非常重要，对于执行制度到位的员工，要给予奖励，而业绩比较差的员工，就要进行相应的处罚。

制度体系健全了，我们还要帮助员工们提升他们的工作能力。新员工刚入职，很有可能对所属部门整体的工作内容理解还不充分，有的员工可能工作一两年了，却依然不很清楚自己部门的整体工作内容。他们可能只是每天做着上级交给的任务，不去问为什么，也不想了解公司的整个体系。

“千里之堤，溃于蚁穴。”这样的员工不可能成为其他员工的好榜样，他们没有长远的眼光，只是一味地重复自己每天的生活。如果不早一点训练这种员工，那么必定会使整个团队溃败。

时间很宝贵，工作就是在和时间战斗，工作一定要在规定的期限之内完成，这是工作的准则。规定的时间之内有的人完成了，有的人没有完成，这说明那些没有完成的人需要提高。因此，我们要培养他们的时间观念，教会他们如何有效地利用时间，提高员工的时间管理能力。

5.2 定标准与请督导，哪个都不能少

标准化的实质就是通过制定和实施标准达到统一。建立标准是为了让大家知道什么是好的，什么是不好的，以找出差距、改变现状，使各项工作行为达到规范化、科学化、标准化。

在现实中，销售人员把公司沟通技巧背得很熟，但为什么不能开单？问题不是因为公司的沟通技巧不好，也不是自身不适合当销售，而是仅仅靠销售人员自己难以意识到自己的问题所在，加上销售经理难以顾及每一位销售人员的具体情况，导致发现一个问题，可能需要几个月时间，让销售人员多

走几个月，甚至是几年的弯路。

这时督导人员的作用就显示出来了，如图 5-2 所示：

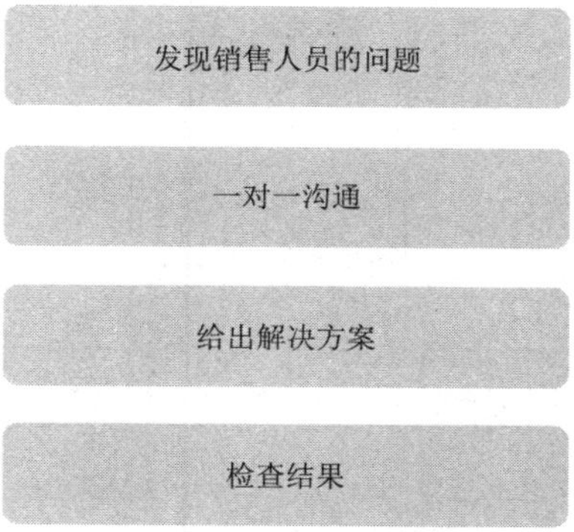

图 5-2　督导人员的作用

督导人员发现销售人员的问题后，要进行一对一的沟通，帮助找出问题的原因所在，给出解决方案，并对督导后的销售人员进行检查。

5.3　督导隐藏技能：抓住关键节点，协调内部秩序

我们在团队管理中可以发现，一些团队要么严格督导成员的工作流程，要么使督导体系流于形式，这两种极端的方式都会造成不良的后果：要么员工感觉受控，工作起来没有激情；要么后期才检验团队执行力，结果总是在执行过程中出现误差，使执行力大打折扣。这让很多销售团队都产生疑问：督导，应该怎么做才好？

有位公司总裁说过：有些人不会做你期望他做的事，只会做你检查他做的事。这句话充分说明督导的重要性：没有督导，执行力就会出现问题。

督导的主要作用就是把事前控制和事中控制相结合，它对团队工作具有时效性和及时性，使很多问题在萌芽状态就能够被解决，就是督导的作用。督导能够及时纠正执行上的误差，有利于解决时间被拖延以及资源被浪费这两个问题。督导工作有六大内容，如图 5-3 所示。

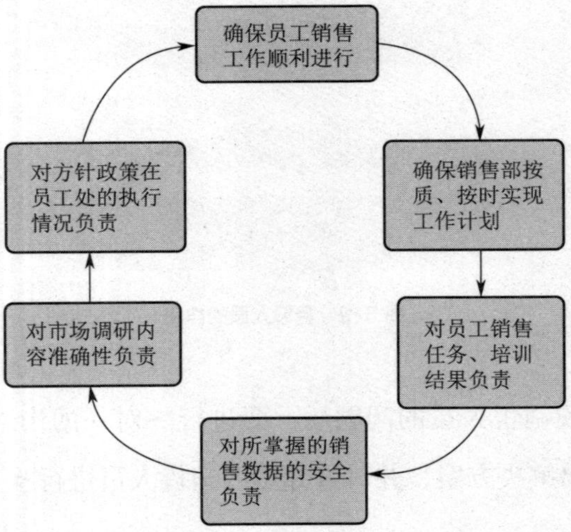

图 5-3　督导工作六大内容

督导是保证团队计划正常运行的必要步骤，也是团队执行力的具体体现，但是总有人会误解督导的作用，认为只要有完整的督导体系，执行力误差就会得以消灭，团队计划就不会出现错误，于是这些团队就对员工们进行事无巨细的介入。团队由于督导体系过于严格，导致成员士气低下，工作缺乏创造性。

有效的督导应该抓住执行过程中的关键点，发现计划执行过程中的误差，及时纠正这些偏差，保证团队计划得以正常运行，最后达到目标。

俗话说，井无压力不出油，人无压力轻飘飘。加强督导工作既是领导协调内部秩序的具体要求，也是保证员工顺利开展工作的重要方法。无论是对员工们的学习教育，还是对犯错的员工开展批评，或者对制度的修改、建立体制等，都需要督导人员坚持原则、坚守底线，敢于指出员工的错误及不足之处，坚决不放过违反制度的员工，不能够认识到自己存在问题的员工，自我剖析不深刻的员工，调整改变不到位的员工，以及对其他员工或客户不满意的员工的教育和引导。只有这样，才能确保各个环节紧密相连，确保销售活动能够顺利开展，做到真实有效。

从某种意义来说，加强督导工作，既是一个传导外部压力的过程，也是一种激发内在动力的过程。督导人员既要突出指导的针对性，帮助被督导员工找准需要解决的突出问题，也要突出督查的严肃性，严格要求、层层把关，还要突出沟通的及时性，对工作中遇到的普遍性问题，与员工及时沟通、共同商量。只有把这些工作做好了，才能形成上下齐抓、内外联动、活力迸发的良好态势。

5.4　与员工谈心，引导员工说出疑难问题

当做完督导后，我们发现销售人员在执行中依旧存在问题，这些问题可能并不属于培训的范畴，但是却是销售过程中的障碍，如销售人员的心理问题等。

“让员工把问题说出来。”这实际上是一种高效的沟通方式，因为它可以直接将员工遇到的销售方面的问题解决。

刘女士是一家保险公司的保险销售人员，做过督导后业绩仍然不理想。在一次督导过程中，刘女士讲述了她遇到的问题。

刘女士通过参加线下活动遇到一位客户陈总，在接触中，刘女士没有谈及保险，而是了解了陈总的奋斗历程，两人交流融洽，彼此都留下了较好的

印象。在第一次见面时，陈总表达了他不相信保险。

一周后，刘女士打电话成功约访了陈总。这一次，刘女士的话题围绕退休以后的生活以及孙辈的教育等问题。刘女士知道，陈总对保险保障不感兴趣，但是热衷于投资理财。针对陈总去年做股票虽有盈利但错失很多机会的情况，刘女士与他探讨了专家理财的优势。

刘女士接着说："随着证券市场不断规范，对投资者的要求越来越高，您有多少时间和精力时刻关注股市呢？如果让投资高手帮您理财，您就可以有更多时间做别的事。"

陈总："我还是觉得保险有点儿问题，我不会买保险的。"

刘女士遇到不少此类的客户，她感到很迷茫。督导人员提供了以下解决方案，如图 5–4 所示：

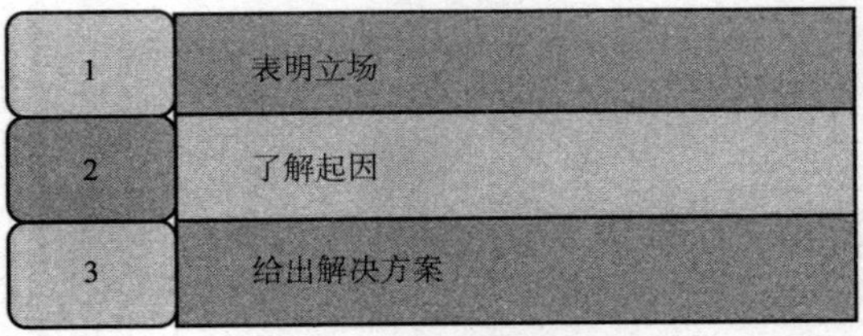

图 5–4 问题解决流程

1. 表明立场

这样的拒绝理由表现了客户对保险或者保险销售人员的一种偏见。这类客户，对保险的这种认识在他们心中已经根深蒂固了，一时想要改变非常困难。

2. 了解起因

造成客户对保险产生偏见的原因很可能是客户曾经经历过，或者是听别人讲过类似的事情。而这很可能已经在这些人脑海中形成惯性思维，所以，保险销售人员面对此类客户最忌讳急于求成，要用自己的真诚和耐心去打动他们。

3. 给出解决方案

应对方案1:“您怎么会这样想，保险是有法律保护的正规产品。是不是您买的保险没有附加相关险种，所以没有这方面的覆盖，以致让您产生误解呢？您可以告诉我，我来帮您分析分析。”

应对方案2:“我非常理解您的想法，在没有接触保险产品之前，我也一度是这样认为的。但是做了这行之后，我深刻地了解到保险的益处。确实，保险行业刚刚发展起来的时候，存在一些误解。但是现在，保险行业已经走上正轨，大家对保险的了解越来越深，保险在家庭资产配置中对很多人来说是不可或缺的一种投资产品。”

应对方案3:“盲目购买保险，而不花时间了解有关产品的详情信息，一旦发生问题，很可能就会在理赔上出问题。我希望您今天能抽出一些时间仔细研究研究我提供给您的资料。”

在给出解决方案后，刘女士的问题得到了彻底解决，在此后的3个月时间里，获得了不错的业绩。

作为一名督导人员，如果不能与销售人员进行有效的沟通，不能了解销售人员的需求，那么，这个督导人员就是个不称职的督导者。优秀的督导人员不但能够敞开大门，让员工畅所欲言，把遇到的问题说出来，还能给出具体的解决方案，这样做甚至比做一次专业的培训给员工带来的帮助更有效。

5.5 不会传授经验的管理者不是好督导

小罗是某销售团队的督导员，在新一批的员工中，他最看好小张。销售经理说:“我看这个小张能力也就一般般嘛，你为什么每次在会议上都要夸他一下呢?”小罗笑了笑，说:“你们在培训新员工的时候，我就在旁边督促他们的工作完成量。小张完成得不是很出色，但是他十分爱提问题，对自己工作中不懂的事情，从来不藏着掖着。我对他提出的问题，也总是耐心解答，逐一给他分析。这样的新员工，进步是最快的，学到的东西也是最多的，我怎么能不看好他呢?”

销售经理若有所思地点点头，果不其然，在3个月后，小张从一个业绩平平的新员工，成了这个团队的销售冠军。

我们想要把企业做好做大，不是只靠想就能实现的，空中楼阁、海市蜃楼谁都会描绘，但实际操作起来却是十分艰辛的。

资深的督导一定是各方面素质都过硬的人，无论是心理上还是实际能力上。夸夸其谈的人不一定是一名好的督导，好的督导一定是可以使员工的能力得到飞速提升的人。要让我们的员工多听听督导们的经验，这样可以从他们身上学到更多东西。

试着让督导给员工们讲讲他的经历，听一听他是如何成长为一名资深督导的。一位资深的督导一定是一位好老师，一定知道怎样与员工用心沟通。

5.6 20%靠“管”，80%靠“理”

我们通常会用80%的精力，去做那些只会取得20%成效的事。在现实的企业管理中，关于“管”与“理”各自所占比例多少的问题也是一个困扰企业发展的难题。有些企业的“管本位”管理思维模式忽略和轻视了管理当中的“理”的价值与作用。

要怎样经营销售团队呢？如图5-5所示：

1. 刚柔并济的管理模式

科学的管理制度对企业发展具有强制性的约束力，起到规范和导向作用，而越来越多的企业也正在朝着更科学的方向发展。实施刚性管理就是要调控规章制度的运作，从严治企，使员工在规范化、法制化、标准化的轨道上前进。但在实际操作时更要注重运用以人为本的柔性管理，采用非强制性方式和非权力性影响力，在员工的心目中产生潜在的说服力，从而把企业的意志转化为员工的自觉行动。企业管理者要自觉约束自己，注重自身非权力性影响力的作用，运用自己的人格魅力、管理科学的魅力，得人以信、服人以理、感人以情，增强员工的心理认同感，创造一个充满亲和力的工作环境。

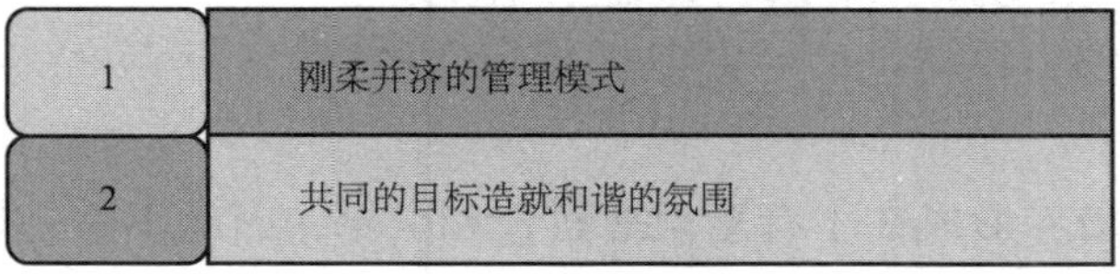

图 5-5 经营销售团队的两个要素

有效的刚柔并济管理应该是健康的，充满信任和活力的，它应该使员工在融洽的氛围中感觉到人生的美好、工作的满足，激励所有的员工为实现企业的共同目标而奋斗。管理者欲成为一个员工激励者，就必须清楚、理顺和剖析刚性制度与柔性管理哪一种能够让员工创造更大价值，让“理”为“管”服务，激励员工为公司服务。

2. 共同的目标造就和谐的氛围

管理者的管理理念被员工认同并成为大家的愿景是成功管理的标志。如果将管理者的管理理念与员工的理想、企业的目标与员工的期望融合在一起，就能形成一股强大的力量，这是突出管理中“理”的价值，从而提高管理效力与魅力的有效方法之一，它同时也促进了员工对企业价值观的认同，增强了团队协作精神。

如果员工个人的价值观与管理者的理念及价值取向不一致而经常发生摩擦，员工的心是不可能“平”的。员工在实现自身利益和目标的过程中，意识到自身利益对集体或他人利益的从属性和不可分割性，从而自觉地以集体的共同利益和目标为重，产生求同存异、积极合作的行为，就是我们常说的团队精神。而团队精神恰恰能激发个人的主观能动性和创造性，提高团队的工作绩效和创新力，成为实现团队目标的重要因素。

5.7 矛盾处理策略：回避、缓解、正视

人的习惯培养形成在于有意识地教育和引导，因此不论是好习惯还是坏习惯都是可以培养或者改正的。需要矫正的行为，被称为问题行为。所谓问题行为，就是个体在行为上失去常态，并给他人造成困扰或妨碍自己正常生活的行为。行为矫正，是一种客观而系统地处理问题行为的有效方法。

问题行为是习得的。问题行为不是先天遗传的，也不是潜意识矛盾冲突产生的。它和良性行为一样，是个体在后天的生活环境中通过学习而获得的。

因此我们在带领销售团队时，要对员工出现过失的地方进行及时的行为矫正，以免带来更加严重甚至无法挽回的后果。

通常我们处理问题冲突时都会采用以下三种策略，如图 5-6 所示：

1. 回避策略

回避，就是指对产生矛盾或冲突的事情不予理会，允许冲突在一定的控制条件下暂时存在，只要不造成局面的失控，就不介入手段。当矛盾不主

要，或者矛盾造成的影响范围比较小，或者矛盾暂时无法解决时，可以先采用回避的策略。例如，可以对销售团队中的矛盾双方不予理睬，这其实是利用强化中的消退原理使冲突自动消除，或者可以使冲突的双方隔离，不做正面接触，避免冲突进一步激化等。

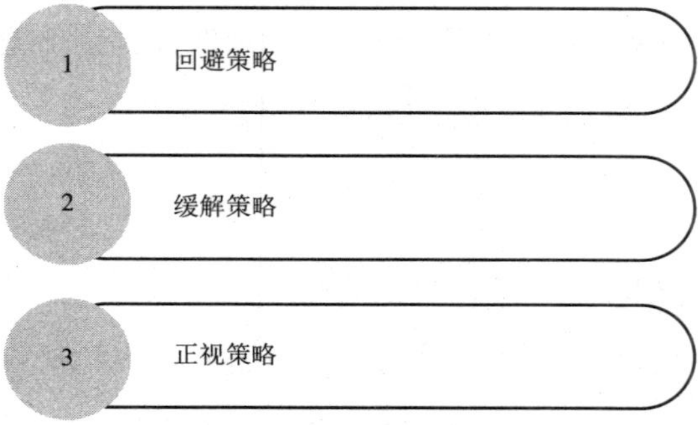

图 5-6　处理问题冲突时采用的三种策略

回避策略具体的手段有三种：

一是忽视。有意暂且回避或忽视冲突的存在，或暗自希望冲突会自行消失。例如，销售团队员工之间发生争吵，但无安全之虑时，不予理睬可能是一种较好的处理方式。

二是分离。使用各种方法将发生冲突的各方隔离，使他们不会再继续发生冲突或者将矛盾进一步激化。例如，销售员之间发生争吵，管理人不询问产生矛盾的原因，而是先采取措施将他们隔离，这是很有必要的也是很有效的措施。

三是限制。矛盾双方的相互作用仍然存在，但对其加以限制，使之减少不必要的接触，通常用于正式场合。例如，在正式会议上凭借议程或其他会议规则及主持者的权威，限制员工双方的矛盾冲突。

2. 缓解策略

缓解就是想方设法地为解决矛盾争取时间，创造条件，解决次要的矛盾，减少冲突的主要矛盾，这种策略可以使冲突得到一部分缓和，减少继续激化的可能性。缓解冲突的方法通常是以强调冲突双方的共同利益、降低分歧为特征的。

缓解策略的运用是解决次要分歧，以争取时间并创造条件，使冲突因延长时间而减少其重要性和尖锐性，从而变得较易解决。

3. 正视策略

正视冲突是最积极的处理冲突的策略。回避和缓解虽然可以暂时使冲突得到化解，但并没有从本质上解决冲突，因此，冲突仍然存在进一步激化的可能性。而正视的策略则是从根本上解决冲突的做法，团队管理者通常会把问题摆在桌面上，与员工积极地沟通，发现和消除分歧，妥善处理冲突。

下篇

利用数据
带出精英团队

第6章

数据分析战略：始终坚持用数据说话

发生过的事情都会留下痕迹，数据在企业发展中始终作为载体记录着企业的发展情况。销售部门需要时常翻看、分析销售数据，找到并解决问题，推动销售业绩进一步增长。本章将详解数据分析的全流程，帮助企业用数据为商业行为赋能。

6.1 横向对比数据，分析最大业绩差距

对比分析是数据分析的一种方式，可以分为纵向对比和横向对比。在企业中，纵向对比是指将不同时期的指标数据在同一总体条件下进行比较，比如与去年同期或是与上个季度的销售业绩对比；而横向对比则是指将不同的总体指标在同一段时间内进行比较，比如不同部门、不同员工之间的销售业绩对比。本小节将以企业中的横向对比为主进行论述。

就销售行业来说，企业对员工的销售业绩做横向对比分析，通俗来讲就是看第一名与最后一名之间的业绩差距是多少。要知道，产品的销售量对于销售型企业来说是极为重要的。下面以某企业销售员工 2021 年产品销售量的横向对比示意图为例，如图 6–1 所示。

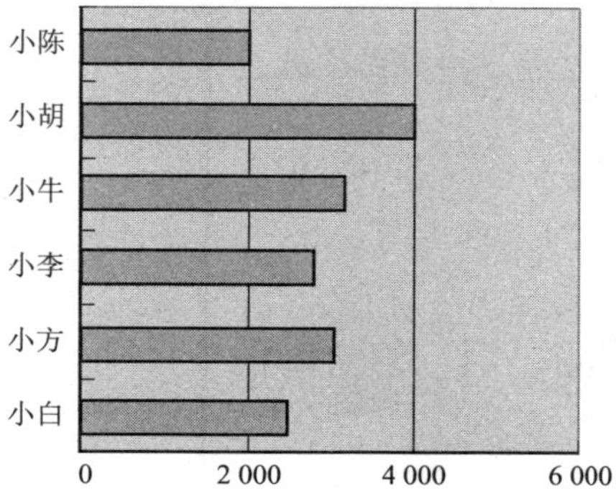

图 6–1 某企业销售员工 2021 年产品销售量的横向对比示意图

从这一条形图中，我们可以很明显地看到在企业中，员工小胡在2021年的产品销售量最高，员工小陈的销售量最低。那么，依照销售量进行排名，小胡自然是第一名，而小陈为最后一名，第一名与最后一名的产品销售量相差2 000，这是我们从该条形图的数据对比中得出的结论。

既然该条形图的销售量对比结果已经非常明确地表现出了第一名与最后一名的差距，那我们就可以针对这一结果做进一步的分析，比如为什么小胡可以达到如此高的产品销售量，他是怎么做的？而为什么小陈的产品销售量却不尽人意，他到底存在哪些需要注意的销售问题？又或是大家如何向第一名学习提升自己的销售技巧，从而增加产品的销售量？

而解决这些需要进行研究分析的问题，正是对比分析的最终目的。为什么要做对比分析，分析第一名与最后一名的差距呢？难道只是单纯做个统计，写个记录吗？我们从以上的论述中就能知道答案当然是否定的。

对员工的业绩进行对比分析，实际上就是通过这种对比不同员工之间业绩差异的方式，激发员工的工作上进心，激励他们在以后的销售工作中取得更高的业绩，在企业中形成一种良性的竞争氛围，为企业的盈利作贡献。

对比才能体现差距，只有把员工实际完成的工作业绩转换成具体、精准的数据，并且相互之间进行对比，才能让员工受到最为有效的激励，即让员工产生一定的压力感与紧迫感，告诉自己不能再这样下去，要向优秀员工的销售业绩看齐，从而收拾好自己的情绪，找对工作的方法与技巧，为达成下一阶段的业绩目标甚至是超过目标做出改进与努力。

6.2 将团队分成不同小组，整合优化

所谓分组分析，就是将研究总体按照某一标志分成几个不同性质的组，

然后在分组的基础上对当前存在的问题进一步分析，以便最终可以正确地解决问题。

在分组过程中，必须要注意的一点是，要保证组与组之间的差距尽可能合理，而组内部的差距尽可能小。之所以要这么做，是为了让组与组之间能更容易、更直观地反映问题，让分组分析这一方式发挥其应有的作用，否则，分组分析就失去了意义。

有一家企业的销售经理 A 总是抱怨销售任务很重，压力太大，没有时间休息。但是他们小组这个季度的销售任务只完成了一半，同时他的团队已经有人要辞职了。

在对其销售小组进行多次培训与督导后，仍然不见起色。总经理决定将此小组合并到其他小组中。

因为如果销售团队无法产生业绩，对企业及团队成员都是一个打击，将其合并到其他小组中，至少可以使原销售小组成员快速找到问题所在。

团队要运用分组分析的方法，如图 6–2 所示。一般来说，团队中都会有多个小组，比如项目小组、功能小组、固定工作小组等。团队需要根据某一标志，比如“是否达到企业所要求完成的业绩目标”之类，收集每个小组在同一时期内所完成的业绩数据，进行计算统计。

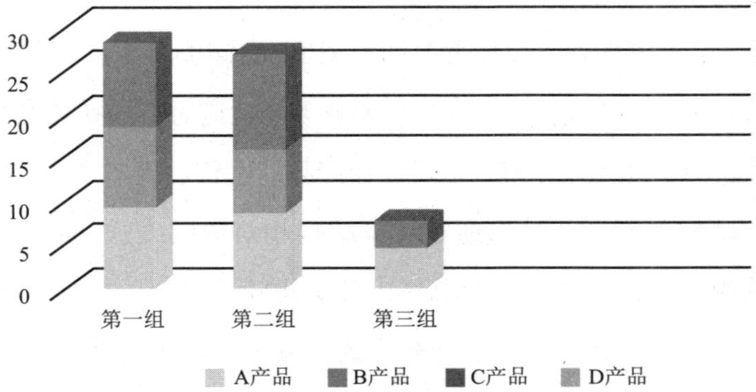

图 6–2　某销售团队用分组分析法做出的数据

然后，再仔细研究和分析组内各个团队的实际情况。对于那些已经接近衰退或已经有衰退现象出现的团队，企业在经过大量的数据分析和研究后，如果认为通过某几个团队互通联结的方式能取得更高的利益，那么企业就会将这些团队进行合并，以解决人员和工作效率不高的问题。

在这种情况下，选择合并的方式是出于对企业整体利益的考虑。合并并非单纯地将两个团队或多个团队组合到一起，而是有选择性地将两个或多个团队中的优秀员工综合到一起，集合优质资源，形成一个更为有效的大团队，以提高工作效率，实现企业利益的最大化。

6.3 为业务开展制定方案，善用结构分析法

所谓业务模式，简单来说，就是指开展业务的方案。在企业的业务架构中，一般有四个基本的业务模式，分别为流程反馈模式、业务事件模式、流程评估模式、活动交互模式。

要想建立一个成功的业务模式，有五大要素需要我们注意：①开展的业务要能够保持一定的稳定性与动态性；②开展的业务要针对企业当下的策略与发展目标；③开展的业务要能够与同类竞争对手相区别；④开展的业务要与企业自身的资源与能力相契合；⑤开展的业务要适应时下的社会经济环境。

要知道，一个好的业务模式，可以让产品的销售达到事半功倍的效果。

而所谓结构分析，就是指通过计算结构相对数的方式，对总体的性质、总体现象的内部结构特征，以及总体内部结构随着时间的推移而逐渐体现的变化规律进行分析，并且要注意的是，这一分析方法需要在统计分组的基础上才能完成。

结构分析法一般有以下几种可以运用的方面：

（1）企业利用分组法设计调查问卷，在将调查问卷投放至市场进行市场调查时，可以使用结构相对数反映最终的问卷调查结果；

（2）企业总体的质量或者工作质量可以利用结构相对数进行分析；

（3）要分析现象的性质以及所属的类别时，可以根据现象总体的内部结构分析总体的特征；

（4）要想研究现象之间的平衡关系时，可以选择将同一总体中有相互联系的几种结构放在一起进行观察、分析；

（5）要想分析不同社会经济现象下在数量上的依存关系时，可以选择将已进行分组的资料信息和另外的指标结合起来观察；

（6）要想通过找出影响现状因素的方式给出解决办法，可以在统计分组的基础上，对各组结构相对数进行比较；

（7）要想找出现象总体由量变到质变的转变规律，可以对不同时间内的同一个现象总体的内部结构进行对比分析；

在企业中，我们其实就可以运用结构分析法分析企业的业务模式。之所以要对企业的业务模式进行结构分析，是因为结构分析法可以让我们知道同类现象之间所存在的本质性差距，可以了解现象的发展规律和趋势，进行数量上的推算，以及了解现象之间的依存关系，而这和建立一个成功的业务模式所需注意的因素是相契合的。我们可以用结构分析法分析企业现有业务模式中所存在的问题，为打造一个成功的业务模式找出一个可行的办法。

6.4 关注平均指标与变异指标，遵循优胜劣汰原则

平均分析就是指利用平均指标（平均数）比较某一现象总体在同一时间

或不同时间上的水平，以反映该现象总体在特定的时间、地点和条件下某一数量特征的一般水平。

平均指标（平均指标等于总体各单位某标志值总和除以总体单位总数）是总体内各单位之间差异的标志值，现象总体的特征通过平均指标最能反映出来。对于企业来说，平均指标可以反映出企业在某一方面的水平。

在企业中进行平均指标的对比，比如人力资源中职工的平均年龄、平均学习程度、平均工资等的对比；企业生产方面中的原材料平均消耗、单位产品的平均成本，以及平均劳动生产率等的对比。但需要注意的是，在进行不同企业之间的比较时，必须使用平均指标，因为平均指标可以不受现象总体规模大小的局限。

员工绩效考核制度有多种形式，具体操作办法是企业需要根据工作的总体目标以及员工岗位的实际情况，设定一套考核指标，并依据该指标对员工进行考核。考核结果进行优秀排位，如图 6–3 所示：

图6–3 排位

我们在对员工进行考核的过程中，必定分析员工各方面的工作情况，才能得出最后的结果。在对员工工作情况的分析中，我们可以利用平均分析法，对在整体工作业绩的一般水平前，排在后面的员工进行再培训。企业在使用平均分析法时，需要注意以下几点：

（1）要根据企业管理工作的基础资料以及当前经济现象的特点进行分析。计算正确的平均指标可以有效地反映企业生产水平、员工工作业绩、效率的高低等；

（2）要把总平均数和组平均数结合起来分析，这有利于正确认识、评价平均水平受到总体结构的影响；

（3）要把平均数和具体的实际情况结合起来分析，这有利于对总体内部的实际情况和典型事例做更深入的说明；

（4）要把平均指标结合变异指标一起分析，这有利于对总体有一个更全面的认识和评价。

以上四点值得我们注意。一般而言，企业使用平均分析法的时候，都会和变异分析法结合起来使用。那么，为什么要结合变异指标进行分析呢？

一方面，平均指标说明经济现象总体的一般水平，反映集中趋势（平均数）；另一方面，变异指标则说明经济现象总体内部的差异程度，反映离散趋势（方差、标准差）。

所以，把平均指标和变异指标综合使用，有利于我们对总体内部的差异和总体的一般水平进行细致的分析总结，从而得出相应的调整、解决措施，比如对低于总体一般工作水平的员工尝试再培训。即依据具体情况，予以训练等。

6.5 分析属性数据，深入挖掘属性变量

交叉分析法（主要是交叉列联表分析）用于分析属性数据。一般来说，

我们所说的属性数据，也可称之为类别数据或是定型数据，是指反映事物属性的数据，它是属性变量的取值。

属性变量的取值其实就是事物属性的量，比如把“性别”作为属性变量，那么其取值就是“男”和“女”；又比如把“人们对事物的表态”作为属性变量，那么其取值就是“赞成”“中立”“反对”。我们也可把属性变量取的值称为属性变量的“水平”。

这里要注意的是，属性变量所取的值只能是有限个，并且相互之间不能进行加、减、乘、除等数学运算，因为属性变量是一种“变量”，反映的是事物的一种客观属性。指示变量形式、频数形式、原始属性变量形式，以及列联表是属性变量的四种表示形式。

我们之所以对属性数据进行分析，是为了达到以下四个目的：

（1）得到汇总的分类数据，即列联表；

（2）可以对属性变量之间的关联性统计量进行计算；

（3）可以进行高维数据的分层分析和建模；

（4）可以对属性变量之间的独立性进行实践检验。

需要指出的是，第一点中所提及的列联表是交叉分析中的一种方法，我们把根据两个及两个以上的变量分组所汇总得到的结果称为列联表，而列联表分析就是指交叉分组下的频数分析。

6.6 绘制矩阵图，高效评估方案的真实价值

矩阵关联分析法是一种非常系统的分析数据的方法，能够保证分析数据

的客观性、完整性、可比性。

矩阵分析法就是在分析一个含有多方面因素的事件时用不同的方法考虑问题。在这个具有多方面问题的事件中，我们能够找出相对应的因素，然后排列成矩阵图，根据矩阵图分析问题，寻找答案。矩阵关联分析是寻找关键性要素的有效方法，它可以通过多因素综合思考问题，从每个问题中，找出所有相互呼应的问题，并把它们排列成行和列，找出其中行与列的相关性或相关程度的大小。

关联矩阵法是分析数据时使用率较高的一种系统综合评价法，根据每个替代方案相关的评价指标与其重要程度，计算方案对于具体指标的价值标准，评定量之间的关系就是关联矩阵法，主要以矩阵的形式表示出来。

运用关联矩阵法的关键在于确定具体每一个评价指标的相对重要程度，也就是权重，以及根据评价主体设定的具体评价指标的评价程度，能够确定评价指标的价值评定量。

当然，我们选用矩阵图进行关联性分析，是因为寻找问题的结果与目的数目较多，而同时还要找出解决问题的办法时，矩阵图比其他图更加简洁、更加方便，还能建立分析及评价的层次结构。

用矩阵的方式还可以表示每个可替代方案。在横向与纵向的问题中，我们找到交叉点，取得交叉点的数值，再来分别分析数值，选择最佳方案，定为最后结果。矩阵图最大的优点就是能够使评价的过程简单化。

关联矩阵法能够使人们更加快速、容易地接受相对较复杂的问题，通过把具有多方面的问题分成两个方面，进行对比，找出重点，让评价问题的过程变得简单化，使问题更加清晰。

矩阵图的形式如图 6–4 所示，A 为某一个因素群，B 为另一个因素群，将它们排列成列。行列之间的交点表示 A 和 B 各因素之间存在什么样的关系，根据图中行和列的因素是否相关联以及观察其关联程度的大小，可以分析问题的所在之处及其以什么样的形态而存在，还可以从中获得解决问题的启示等。

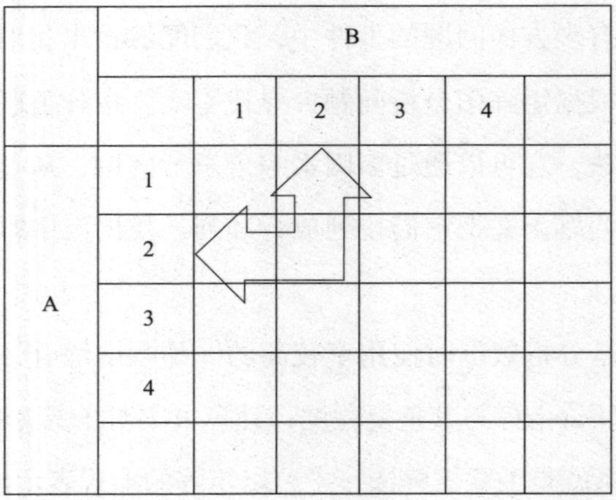

图 6-4　矩阵图的示意图（L 型）

引进权重的概念是关联矩阵法最大的特点，可以在总体评价中对于各评估要素区别对待。

当我们在进行销售工作时，如果接到一个大单，不要因为一时的开心而忘记进行对比分析，要多想出几个方案，进行对比，相互比较，权衡择优。

矩阵图分析法适用于多目标的系统，它是用矩阵的形式表示每个可替代方案相关事件的平均值，之后再通过计算将各个方案的评价值进行对比分析，综合评价，根据结果的重要程度选出最佳的方案。

6.7　借助瀑布图了解数据变化，及时掌握业绩情况

研究公司曾经创造一种图表类型，用来表现数个特定数值之间的数量变

化关系，由于形似瀑布流水从而命名为瀑布图。虽然这是一种时间已久的分析数据的方法，但是却是最经典的数据分析法之一，能更直观地展现我们想要看到的数据对比。

当我们想要分析销售数据变化过程时，为了清晰地表现一个数据到另一个数据的数量变化过程，可以采用瀑布图表示。瀑布图的效果能够更直观地反映数据的多少以及数据的增减变化过程，瀑布图可以更直观地展现流线型销售的结果。

瀑布图可以用来展现每个季度销售情况之间的差距，还能更直观地展现公司每一年的盈亏状况。我们可以用瀑布图做销售数量增减对公司影响的分析，它能够更直观地展现业绩。

瀑布图上的数据每一个都是相互关联，一环扣一环的。当某一个环节由于不可控因素出现问题时，我们可以追溯到上一个数据，来查看缺失的某些数据，但同时我们又不得不先放下下一个数据。

以此形式呈现销售数据，不仅仅是为了讨论问题，还是为了体现美观，同时也是促进销售的重要手段，如图 6–5 所示：

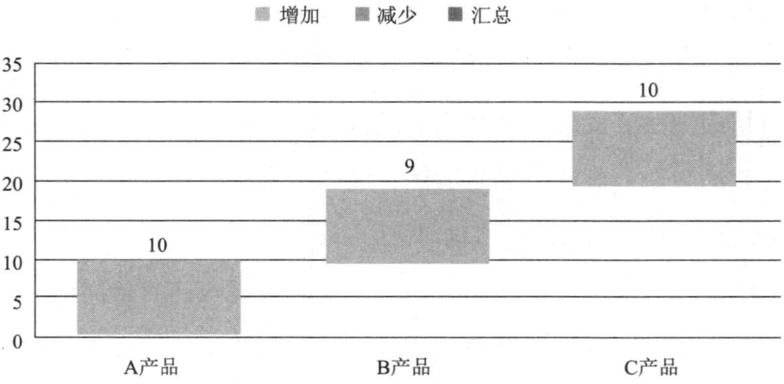

图 6–5　某销售团队用瀑布图显示的数据分析

6.8 聪明的管理者从来不会轻过程、重结果

在做事情的时候，我们一般都是为了结果而去做，但只是这样的话，就往往会忽略过程的重要性。做任何事情，前进的道路都是曲折的，充满艰辛的，令人难忘的。因此，过程相对于结果来说，有时候或许更重要，因为只有把过程中需要做的事情做好了，我们才能得到想要的结果。

过程，很可能是漫长的。但是我们往往在过程中会接触一些从未遇到过的问题，之后我们努力解决这些问题，一点一点地进步，走向向往的结果。但是我们在解决这些问题的时候，往往是很困难的，因为我们可能不知道如何更加快速地解决，或者如何能够很清晰地看清问题所在，这才是问题的关键。

在进行销售的过程中，我们可能会遇到各种各样的问题，这时就要及时修正改变一些策略。当我们在与客户进行交流谈话的过程中，出现一些这样或那样的问题时，能够及时改变策略、改进过程，那么成功的概率自然也就更大一些，结果自然也会得到优化。因此，我们可以采用帕累托图来进行过程的改进，用帕累托图看清问题的所在。

帕累托图是用意大利经济学家帕累托的名字命名的，排列图或主次图都是帕累托图的其他叫法，它能够很清晰地将有质量问题的事情以及需要质量改进的事情根据重要的程度采用图表的方式依次排列出来。帕累托图可以按照事情发生的大小、频率绘制直方图，能够呈现出有多少种可能的结果是由于已经确认过的事情的原因造成的。

分析质量问题就可以使用帕累托图，从而可以明确质量问题产生的主要原因。帕累托图还可以按照等级顺序，引导采取措施纠正错误。帕累托图的核心部分是：八成的问题来源于两成的原因，以有限的人和有限的时间有效地解决问题，如图 6–6 所示：

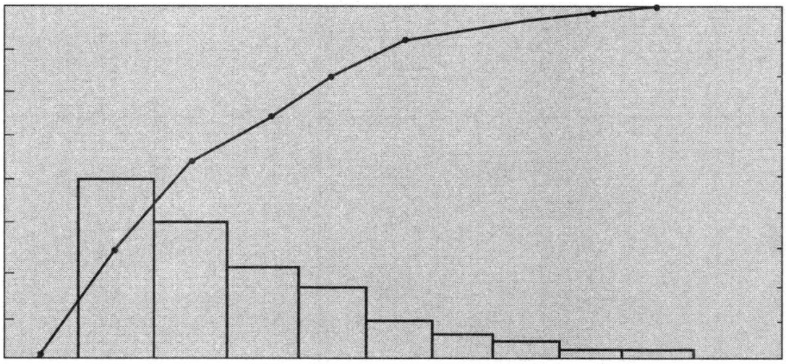

图 6-6　帕累托图

从图中我们可以直观地看到之前的数据和现在的数据有什么不同，可以更加迅速地分析之前的销售和现在的销售相比发生了哪些变化，使我们能够更直观地感受数据的变化，更容易帮助我们厘清思路，找出问题的关键点，以此来优化结果。

6.9　识别非重点事项，精确瞄准核心部分

当我们读书时，读的是书的本质还是书的故事？其实我们读的是作者的精神世界和核心思想。

销售工作中也是一样的，即使客户难应付，即使经常被拒绝，但我们还是要认真对待工作，并且排除那些不重要的东西，学习销售的核心。不论前进的道路多么蜿蜒曲折，只要我们能够把一些不重要的东西看清，并且排除，那么剩下的就是最重要的核心了，就像学什么某些时候要比学习本身重要一样。

旋风图可以更加直观地让我们看清什么是外围的不重要的东西，什么是

销售的核心部分，如图 6–7 所示：

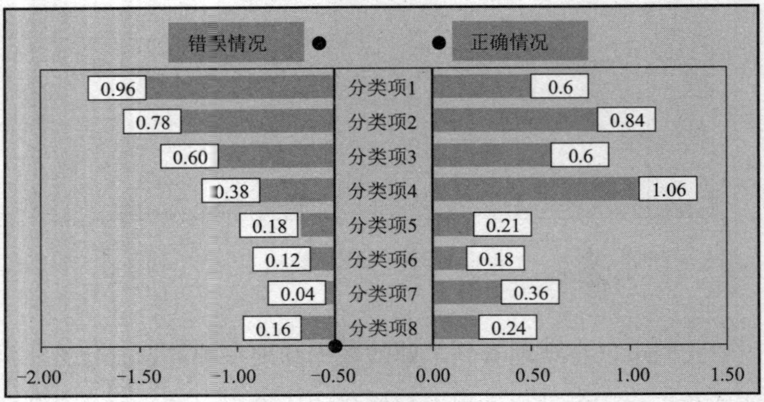

图 6–7　旋风图

旋风图的展示效果非常强，根据旋风图中的两组对比数据，孰强孰弱，我们能一眼就看出来。

6.10　用清晰的思路分析事件，找出数据关联性

分析因子法主要是通过对原始的数据进行相关的分析，找出可变量的因子与原始因子之间的相关性，以进行重新分组排列的方式影响销售动态的方法。

客户与我们交流沟通时，往往希望我们能够用简单明了的方式为他们进行讲解，如果我们不能用清晰的思路分析事件，那么原本能够达成的合作也会因为模糊的讲解导致失败。我们可以用双坐标图为客户讲解能够带来的好处，也可以用双坐标图分析我们自己销售中每个时间段存在的差距、相互之

间的联系，并用公式计算出数据。

双坐标图可以有效解决由于数据过多而不能把所有数据放在同一个平面分析的问题。当数据在 5 个以内时，我们或许可以不用那么麻烦地厘清思路，但是如果数据超过 10 个，为了能够清晰地表示出来，我们就可以用双坐标图表示数据，找出相互的关联性，如图 6-8 所示：

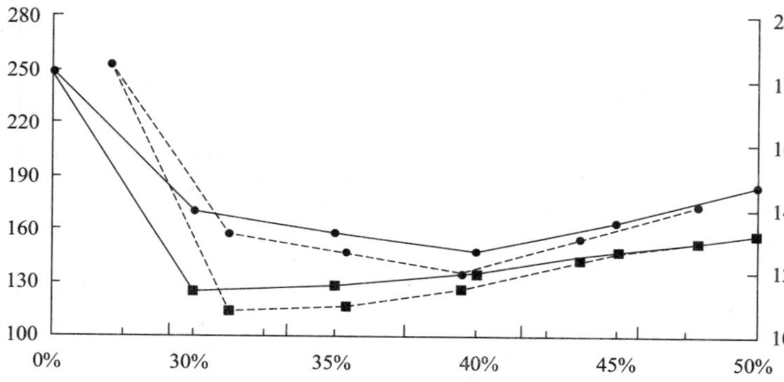

图 6-8　双坐标图

通过绘制双坐标图，我们可以利用次坐标把不同数值系列显示出来，能够有效解决平时绘图时遇到数值差异很大不好处理的难题，从而达到数据分析的要求。

6.11　总结不同阶段的业绩，优化后期工作规划

我们在进行销售工作的每个阶段都要进行总结分析，把每个阶段的销售业绩进行总结，总结出每个阶段与其他阶段的不同之处，看看哪里是我们做得不好的地方，并及时加以改进。

做好营销，让转折点成为爆发点。优化自身的能力，解决问题的关键点，改变策略，转方式、调结构，同时也要看清自己的优势，让优势发挥到极致。

对后期的工作进行规划和管理时，我们要有清晰的思路，也要对自己的竞争对手有一个清晰准确的认识，学习他们的长处，制定适合自己团队的发展战略；同时要分析整个行业的趋势，找准自己的位置，力争上游，有技巧地对自己团队的方针战略进行改进和创新，提高与客户交易的成功率，缩短与客户谈判的时间，提高客户的满意程度。

如果客户提出没有听说过我们产品的时候，我们只需要实话实说，就是新产品，优势是什么，风格是什么，然后请他过来体验。承认自己的缺点，与客户坦诚相对，才会得到客户的信任，只有这样做，才能把自身的缺点变为前进路上的转折点。

竖形折线图能够既实用又直观地体现数据的变化，能够把每个阶段都清晰地表现出来，还能体现阶段性数量的多少、数量增减的变化，以及一个时期内的最高点和最低点，易于表现变化的趋势，如图 6-9 所示：

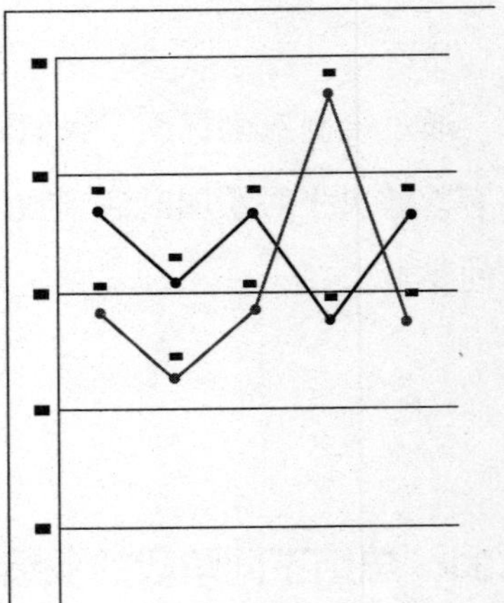

图 6-9 竖形折线图

在每年的销售数据分析中，我们可以采用竖形折线图分析销售差距的变化，看清每个阶段的数据，找出变化的程度，以及每年销售中的爆发点是在什么时候，比其他时候多多少。我们从变化的趋势中可以分析销售好的原因和销售不好的原因，找出每个阶段的特点，从内外因素分别分析销售的变化原因，使我们更加明确应该在什么时间注意什么问题，如何才能让我们的销售业绩有所提升。

第7章

核心数据解读：管理专业性助你不断进步

销售团队数据泛指所有与团队销售相关的信息、资料，包括团队销售概况、产品信息、销售数据、销售成果等。销售团队管理者需要深挖这些数字背后的内涵，做到心中有数。本章旨在提高销售团队管理者的专业素质，帮助其不断进步。

7.1　管下属就是管数据，深入挖掘数据价值

大多数人都会觉得数据比直觉更有说服力。美国的一支棒球队之所以能够成为一支超级强队，就是因为他们依靠数据制定策略。当年球队的管理层对备选球员的基本信息以及数据做了详细的分析，从中选拔出优秀的球员组建了一支预算内的最佳球队。在这种策略下，球队大获全胜。

“差之毫厘，谬以千里”，比赛中的数据表现更为明显。比如一位打击率为 0.280 的击球员就可以成为一位职业的打击手，而打击率倘若达到 0.300，那无疑是非常优秀的打击手，而这二者之间的差距仅有 2%，却造成了普通球员和优秀球员的差别。一个击球员的个人成绩倘若提高 5%，那么一个球队的成绩也会得到质的飞跃。

销售人员在销售过程中会产生大量的数据，销售主管需要对销售人员进行数据管理。销售主管主要起到四个方面的作用：①监督销售目标的进度；②及时获知并提醒销售人员销售的不正常现象；③监督项目的执行状况；④直观地对销售人员形成适当压力。

在正常情况下，数据分析可以从多个角度切入，如团队销售状况、产品、市场等，而分析方式也可以随着分析角度做出调整，如整体 / 个人的销售分析、产品分析、市场分析等。销售主管通过对这些数据进行分析，有助于对销售人员的行为充分了解。

销售主管在日常管理过程中，有很多内容都是数据分析常用到的。在这里，给大家讲述销售主管要如何对销售人员的销售情况进行分析。

（1）终端门店拜访分析：通过销售终端门店数量与当地市场人口数量进行对比分析，销售主管可以了解某一销售人员市场的铺市数据。

（2）业务日拜访门店时间分析：销售主管通过检核销售人员不同时间段的首单成交时间、门店拜访的时间间隔、末单成交时间等，可以充分了解销售人员在市场的作业情况。

（3）门店作业照片分析：销售主管通过对销售人员门店内设备的查看，有助于分析销售人员在终端的动手能力。

（4）销售人员拜访线路分析：销售主管可以通过地图获取销售人员的拜访路线，并且结合销售人员某段时间内在市场拜访的门店数量，得出销售人员在市场的工作效率。

（5）销售人员日工效分析：某一时间内销售人员的线路应访数量、实访数量、线路外拜访数量等，都可以是分析销售人员当日实际作业情况的重要依据，当然，销售主管要结合当日销售额进行总体分析。

这些数据分析，只是给销售主管提供一些参考建议，销售主管在实际的操作过程中，需要结合自己公司及市场的实际情况，利用后台数据，实现个性化分析。

7.2 盘点六大常用的团队数据获取渠道

销售团队数据对于团队或者外在获取者都有很重要的作用，拥有销售数据的团队可以借助数据获得销售商机，宣传推广产品，增加潜在的推销机会。

除此之外，通过不同渠道获得的数据可以提高销售团队自身的洞悉能力，帮助员工找到所需的潜在客户，加强与客户的交流与合作，洞悉行业的动向，为自己开拓销售渠道。

优秀的销售团队都是靠数据支撑的，它的数据也必然是全面和精细的。销售团队所需要的团队数据主要从以下六个渠道获得：

1. 自己的数据库

每个团队都有自己的数据库，从产品生产到销售，从客户目标分析到客户资料收集等，优秀的团队都有属于自己的数据。

2. 市场上公开的信息

比如国家统计局的数据、各个公司自己发布的年报、其他市场调查机构的研究报告或者整理的零散信息。

3. 购买的数据库

市场上有很多可以购买的销售数据库，大多数是以公司的名义购买，除了咨询公司外，还有很多高等院校及研究机构也会购买数据。

4. 咨询行业专家

有很多行业专家会专门收集和销售数据，我们也可以从他们手里购买。

5. 发问卷

有时候为了单独的项目我们会通过发放问卷的形式收集数据，但是这种方式不适合数据需求量太大的项目，因为制作和搜集问卷的工作量太大，耗费人力物力，就算是电子问卷，也无法保证问卷交付的质量。

6. 客户

客户也是数据的一大来源，客户数据是最能体现市场化的数据。比如人力咨询公司对于各种行业所分析出的工作数据、四大会计师事务所手中持有的数据库等，而这些有效数据需要耗费多年的时间进行积累并且专业性极强，很大一部分是人力部通过客户调查进行统计而收集的数据。

7.3 了解行业数据，预测业绩趋势

在当今竞争激烈的市场中，企业数据分析有利于我们了解销售团队自身的经营状况和财务现状，但是却不能让我们了解其他同类销售团队是如何运行的，同样我们也不了解自身团队在同行中的知名度如何，也没办法通过比较了解这一行业的发展前景是否良好以及企业目前处于生命周期的哪个位置。

行业数据分析指的是对行业经济的各种运行状况、政策、竞争力、产品的生产与销售等要素进行重要分析。行业数据分析有利于我们了解行业的发展规律，把握行业的发展趋势。

波峰和波谷通常被运用于股市，但在销售行业数据分析中，也可以被当作一种重要指标。销售行业的波峰是指销售数据在传递方向上的极大值，而波谷就是与之相对的极小值，也就是说，销售数据的高峰期是波峰，低潮期是波谷，二者之间还有一个平均值。

通常人们不会单独依靠某一指标开始分析，同样，销售行业的波峰和波谷也是要和其他指标配合使用的。通过对行业数据的波峰、波谷以及平均值的分析，销售团队可以推测未来一段时间销售的主要趋势。行业数据是销售团队判定其销售价值的重要因素之一，我们可以通过行业数据分析了解销售团队在行业中处于什么样的地位，以及会有什么样的发展机遇。

同时也可以通过行业数据分析其他行业，以此确定销售对象。我们可以通过行业数据分析出同行销售量最好的团队，并对其进行数据分析，判断其销售特点，帮助我们自己的团队提高销售能力。

7.4 领导可以从市场占有率中得到什么

在市场同类产品中，一个企业产品的销售量所占的市场比重就是市场占有率。市场占有率是企业十分重视的指标之一，因为在很大程度上，企业产品的竞争力以及该企业在行业中所处的地位，都是由市场占有率决定的。市场占有率可以分为上限、中限和下限。

当企业市场占有率不断扩大，达到某个点时，企业处于行业中的优势地位，这种地位既能带来极大的利润又能保证其处于相对安全的范围内。

市场占有率有两个方面的内涵：数值和质量。

提起市场占有率，多数人首先想到的是销售额在行业中所占比重的大小，但事实上，这只是市场占有率在数值方面的特征。市场占有率的数值一般有两类表示方法：一类是在总体市场销售中企业占据的百分比；另一类是在竞争者销售中企业占据的百分比。

市场占有率的质量是指市场占有率的优质性，是指给企业带来的总体利益，这种利益不仅包括看得见的现金收入，还包含无形资产增值后的收入。顾客满意率和顾客忠诚率是衡量市场份额质量的两个重要标准，二者比重越高，说明市场份额的质量越好，反之，二者比重越小，市场份额的质量就越差。

市场占有率的数据指标通常有四个：全部市场占有率、可达市场占有率、相对市场占有率 A（三大竞争者）、相对市场占有率 B（最大竞争者）。

1. 全部市场占有率

全部市场占有率指在市场同类产品中，一个企业的销售量所占的比重，这种指标有两个要点：一是市场占有率由单位销售量或销售额表达；二是明确本行业的相关范围，比如产品与市场。

2. 可达市场占有率

可达市场是指企业市场营销努力所及或者企业产品最适合投放的市场。一个企业的目标市场范围一般都是小于或者等于所有该行业的服务市场，所以接近百分百的目标市场份额是可以达到的，但是在总体市场中所占的份额并不大。

3. 相对市场占有率 A（三大竞争者）

指企业将市场上最大的三个竞争对手销售的总量百分比和自己销售的总量百分比进行对比从而得出的百分比。比如某企业市场占有率为 20%，而该企业最大的三个竞争对手的市场占有率为 40%，则该企业相对的市场占有率为 50%。在正常情况之下，如果企业拥有 33% 以上的相对市场份额，则该企业在这一市场中就拥有不容小觑的实力。

4. 相对市场占有率 B（最大竞争者）

指一个企业将自己的销售量与市场上最大竞争者进行对比得出的百分比。若其相对市场占有率高于 100%，表明该企业是这一市场的领袖；若等于 100%，则表示两个企业同为市场领导者。占有率越大说明越接近市场领导者地位。

7.5 采集对手数据，有针对性地制定竞争策略

所谓知己知彼、百战不殆，只有掌握优质竞争对手的信息，才能取长补短，有针对性地制定对策，以取得市场竞争优势。下面就以门店销售举例说明。

1. 如何获得对手销售数据

（1）为了实现销售信息共享，我们必须处理好与周边店铺的关系。你的竞争对手同时也是你的合作者，我们不应该与竞争品牌和周边店铺对立。比如肯德基和麦当劳的店铺彼此相邻，那是因为它们形成了一种利益共同体。我们可以与竞争对手保持良好的关系，从而实现销售信息共享，达成双赢局面。

（2）制定顾客调查表，通过发放问卷的形式对顾客信息进行归类和分析。假设企业是做特色饮食的，就可以在调查表中列出最喜欢的特色饮食的品牌、喜欢该品牌的原因等选项，经过调查与分析后，我们就可以清楚地知道竞争对手的数据，并依此调整企业项目。

（3）以顾客的身份对同类产品进行暗访调查。

2. 对手的销售商品类别分析

其实很多店铺都会分析竞争对手和周边店铺的商品类别销售数据，因为这些数据有很高的参考价值。假设企业是一家连锁快餐店，商品类别广泛，而对面有一家与该企业定位非常接近的特色小吃店，这时店里的营业销售必然会受到冲击，于是企业可以在菜品上避免与对面小吃店相撞，做出一些广受欢迎而又不会重复的菜品。企业在发展过程中，应该以己之长攻其之短，充分发挥自己的特色，从而提高市场竞争地位。

3. 对手的促销调查与分析

现如今很多店铺在各种节日时会进行促销以吸引顾客，这时竞争对手和

周边店铺的促销信息对企业的销售有着非常大的影响。

比如，曾经有两个毗邻的定位相仿的百货商场，在某年中秋节的促销中，甲企业制定了“满400元减100元，满800元减250元”的活动，乙企业紧接着制定的对策为“满400元减100元，满600元减180元，满800元减300元”。

在这一次活动完成后，乙企业取得了销售上的胜利，这是对竞争对手的调查分析起了作用。所以，我们不能只关注自己的产品情况及销售情况，要多掌握优质竞争对手的销售数据，多观察整体的市场，收集、整理和分析竞争对手的数据和情报。

在对数据进行整理时，不要因为某一方面的竞争优势就沾沾自喜，这样会迷失自我，让企业销售止步不前。收集数据不是短时间就可以完成的，一定要持之以恒，在数据难以进行调查时更要坚持，这说明信息非常有价值。及时对竞争对手进行数据分析与调查，可以促进企业修正不足，有利于企业发展。

在企业的实际运营中，企业应该把每一项数据分析统一归类，并在每月制作出与之相应的计划表，将每一个需要分析的项目罗列出来，制订相应的计划并执行，指导工作计划和工作实施，使后面的工作思路和方向更加明确。

7.6　个人销售数据：外勤数据 + 业绩数据

团队的个人销售数据可以体现两个方面的问题，一是个人的工作态度是否认真和销售能力是否足够，二是个人的竞争能力。团队的个人销售数据可以从两个方面分析：销售外勤数据分析和销售业绩数据分析。

1. 销售外勤数据分析

销售经理要经常查看员工对客户的拜访情况，很多销售团队都会让员工下载一些软件，让员工在软件上详细记录自己的拜访情况，包括客户姓名、所在行业以及拜访的关键细节等。

团队每日拜访情况：观察数据折线图，如果发现员工拜访数量有明显下降的趋势，销售经理要询问员工原因，并及时做出调整。

客户拜访情况：通过员工记录的数据了解他们对客户的拜访次数，并从拜访次数里建议成员重点跟进哪些顾客，还可以分析员工多次拜访却没有达成交易的原因，从而指示员工是否放弃。

2. 销售业绩数据分析

销售团队员工做出突出业绩，是销售经理最愿意看到的事情。销售经理可以通过销售业绩数据分析，直观地了解销售情况并及时调整销售方向。

优秀的销售员工都喜欢争第一，所以销售排名尤为重要。销售经理可以通过实际业绩排名，了解成员们的业绩情况，对销售业绩最好的前三名员工给予相应的奖励。

这些都是销售团队最经常关注的数据，做好数据分析后直接将数据结果提取出来，不仅可以大大提高分析效率，销售经理还可以获得更多的时间优化销售策略，让团队的业绩得到不断提高。

7.7 举办百万元的营销活动，背后隐藏哪些数据

一家美容机构做了一场成交 800 万元的会议营销活动，当场交易实收金

额数目就高达500万元，而后续的跟进又成功地完成了300万元的交易金额。需要注意的是，这800万元是参与的顾客必须在付款后的短时间之内来进行消费，而交易的金额也就成功落在机构手里。

这一场活动促成的业绩额是相当惊人的，而这次营销成交率达到73.3%。在这场活动中，很多人都只看到成交率达到多少的数据，却忽略了这个团队在背后做出多少数据分析才能得到这一成果。下面我们就来看看表层数据背后的数据：

（1）这次活动由20名业务员、5个主管参与；

（2）业务员为了这次活动，在30天内联系了约4 200个潜在客户；

（3）实际到场客户为140个。

上面三点才是销售主管和销售员需要研究的数据。

除了上述数据外，还有一些产品、邀约等方面的详细数据。

第一，这场活动只推了2款产品。

一般这样的一个完整会议的时间大约在2~3个小时，如果准备10个推介项目，平均每个项目的介绍时间只有15分钟，在这么短的时间里，无法介绍得那么专业与详细。为了避免这一问题，现场只推了2款产品。

第二，只邀请高净值客户。

当时这场会议邀约客户的思路是只邀请高净值、对于机构认可度高的客户。很多机构举办会议营销活动，为了推广产品，都会要求销售员必须完成一定数量的邀请人数，然而这样做只会迫使销售员邀请一些并不匹配的客户，影响活动效果。

第三，销售员数量的配置。

销售员太少是很多推介活动的“致命性”错误，如果80个顾客只配了6个销售员，顾客不仅不能充分咨询问题，还有可能被其他顾客抢去咨询的机会，这种情况就会导致顾客流失。而这家机构就深刻认识到销售员的重要性，他们选择了一对四的服务，即每一位销售员最多只需要服务四位顾客，确保能让每一位顾客都享受到细致的服务，并且咨询自己想知道的问题。

销售员从顾客踏进会场开始至离开都要和顾客沟通，进行台上讲解、演示……桌边的销售员也有自己的工作需要进行，不能全靠台上的讲解。比如台上介绍某款知名产品，桌边销售员可以对顾客介绍："这款产品在这次活动中打五折，限量30套，有兴趣的就要抓紧时间抢购呢。"而台上演讲的知名专家，也可以介绍推荐，从而拉近与顾客的距离，让顾客相信自己在享受优惠的同时还能得到优质的服务。

第四，制作精美促销手册200份。

很多企业做促销活动时都会制作一本促销手册，里面罗列了很多的促销条款，一场好的营销活动，它的促销条款都会紧紧围绕主题，让顾客一眼就能看明白，从而也有利于促进活动的成功率。这场会议的促销条款正是如此，分为大促销、中促销、小促销三项促销，并且分别对应消费能力不同的顾客。

7.8 案例分析：如何用数据成功运营一家超市

H超市在2017年的销售额达到了4 000多万元。

在过去的几年里，H超市的零售团队凭借培训制度不断发展壮大。

通过严格选拔，由8人组成了H集团的零售团队，这个团队对于自己的要求是：做一个现代化的流水线团队，从对零售商品的负责到对顾客的服务态度，全都是专业化标准化的，由专人来负责。

为了提高团队的销售能力，H超市的负责人考察了23个著名销售团队的流程，最后针对超市销售团队成员制定了标准化培训。于是，他们规定每天培训一次，培训内容就是对当天销售状况做出总结。

后来，团队不断壮大，这一培训制度仍然还在延续。经过每天的总结培训，整个团队的员工养成一定的默契，他们分工明确，遇事不推卸责任，对待顾客更是尽职敬业。最终在 2017 年，这个 H 超市零售团队达到了 4 000 多万元的销售额，比第二名足足多了 1 000 多万元，在当地超市行业中遥遥领先。

H 超市作为一个小型零售商，却在短短几年里迅速崛起，成为当地零售业的领头羊。H 超市还创立了一个公众平台，让顾客们在网上就可以清楚了解超市里的产品，以及促销活动等。我们来看一看 H 超市的零售团队是怎么以数据运营超市的：

1. 产品图片拍摄、图片处理以及上传

每款产品拍摄不少于八张照片，照片要体现产品的特性与定位，可以进行街拍棚拍、环境内拍摄和其他拍摄，在细节方面，比如衣服的领口、袖口、吊牌等都需要进行拍摄。处理图片的大小与像素都要严格按照 H 超市的要求操作，产品的表现特性要清晰，还要符合客户浏览习惯。产品的图片上传于 H 超市平台时，要根据自身产品的不同性能进行分类，并对网站进行更新与维护。

2. 产品文案优化以及关联产品销售优化

在进行产品描述的时候不仅要对产品的颜色、尺寸、数量等销售属性进行描述，还要考虑产品使用人群的消费态度、消费者考虑的出发点、产品的制作流程等几个方面，以此让客户更全面地了解产品，增加产品可信度，进一步传播品牌文化。每件商品都应该按照不同的角度关联其他同类的产品，从而提升其他同类产品的宣传力度。

3. 商城装修、优化

H 超市公众平台的用户界面应该符合客户的使用习惯以及对产品有一个

清晰的分类，同时对于用户界面要以月为周期进行调整。用户界面应该根据整个网站的销售情况进行调整，还可以结合上个月的销售情况分析这个月的营销策略。用户界面调整的项目有很多，比如网站的分类导航、产品的关联展示以及促销焦点等，还要根据不同的情况打造新的热卖产品，并使热销产品的销量能持续稳定增长。

4. 产品选择，推出套餐

选择主打的产品要根据很多因素，比如整个网站同类热销产品的特征，或者当季营销策略的变化等，比如服装这种季节性产品，通过主打产品的推广带动其他关联产品的销售，从而促进全店销售额的增长，如鞋子和衣服同时购买可以获得相应的折扣。可根据季节变化或节日需求，对套餐以及价格进行优化处理。

5. 促销方式选择

促销活动历来被认为是促进零售商品销售的最好的营销方式。H 超市结合其他商店的促销方式，不断调整自己的促销方式。

6. 靠数据做支撑

根据 H 超市公众平台的各种数据制定相关策略，如对顾客当月促销活动的点击率、点击后的购买率、购买后的退换率等多方面的数据进行分析，有利于策划下次促销活动的方案。

第8章

目标数据分析：有目标，做事更有动力

目标，即广义上的KPI，是销售团队员工的北极星，为其指引努力的方向。目标不明确，再多的努力也是劳而无功。本章将详解什么样的目标才能为员工提供正确的指引，激发员工的工作积极性。

8.1 目标数据要具体，不能模糊不清

所谓明确目标是指所要达成的行为标准必须能够用具体详细的语言清晰地阐述，要有具体的工作指标，不能模糊不清。为什么要明确目标？明确的目标对于企业、团队以及自身来讲又有什么意义？目标明确的重要性如图 8–1 所示：

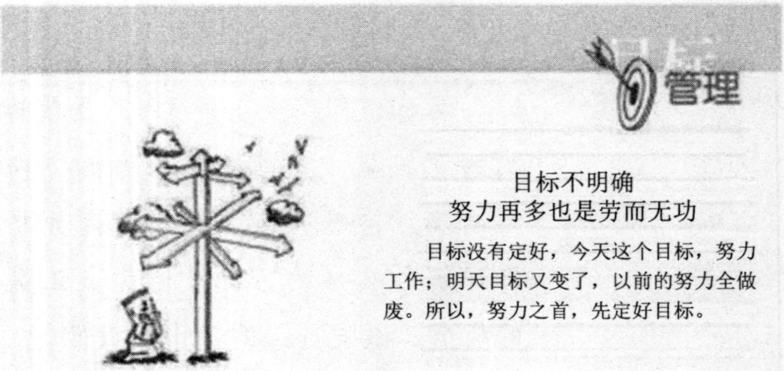

图 8–1　目标明确的重要性

比如某终端门店的目标——提升员工工作能力，这种对目标的描述就很不明确，因为提升员工工作能力有许多具体做法，如增加员工的业务技能培训，过去员工培训率是 80%，现在增加到 100%；培训员工良好的服务态度，

语言规范礼貌、服务流程规范有序，也是提升员工工作能力的一个方面。

有这么多提升员工工作能力的做法，那么“提升员工工作能力”到底指哪一块？不明确就没有办法评判、衡量。所以建议这样修改，比如我们将在月底前完成50%员工的培训，下个月底前完成100%员工的培训，分时段明确目标。

明确的目标是时间、地点、人物等各方面的可能具体化的行为标准。比如，本月要完成10万元的订单，但是甲、乙、丙三个团队各要完成多少呢？这项目标就不明确；某企业销售部门的目标为年底（12月底）完成1 500万元的销售额，以提高业绩水平，提高企业整体利润，这项目标就是明确的。

作为销售团队的管理者，如果想要员工最大限度地发挥自己的工作能力，就要帮助员工确立一个明确的目标。很多时候，销售团队的员工表现无力，并非不想努力，而是因为他们没有一个明确的目标，没有工作的动力和奋斗的方向，工作起来不知道从哪里着手。身为管理者，要帮助员工确定一个具体的目标，应该做到以下三点：

（1）要将目标量化，指导员工如何实施，让他们有步骤、有目的地完成工作目标。一个可量化的目标可以有效地改变员工的工作态度，让员工的工作更有效率。团队领导帮助员工明确他的工作目标，有效地指导他们实现这个目标，员工会因此在工作上十分上进而且自觉。

比如管理者给员工制定了50万元的销售目标，这个目标执行起来需要多少资金，通过什么途径能够把资金申请下来，销售过程中又要针对什么样的客户，获取怎样的技能才能实现目标等，这些都是可以一步步分析量化的，能够让员工厘清思路，明确走的每一步。

（2）给员工制定的目标要合理。每个销售团队都有自己的长短板，我们要根据员工具体的工作能力，给他们制定一个合理的目标。给员工制定的目标太难，只会让他们望而却步，失去奋斗的勇气；而目标太容易实现，没有挑战性，员工就没有工作的动力，同时浪费销售团队的资源。

同时，无论给成员制定的目标是什么，团队领导都要指导其分为几个小目标去实现，这样才有利于员工树立自己的远大目标。

（3）团队领导要根据员工完成目标的具体情况，给他们一定的奖励，通过适当的奖励，可以有效激发员工销售工作的积极性；同时，也要对没有达成目标的员工予以必要的提醒，让其他员工引以为戒。奖惩制度要具体化、量化，不能流于口头，而是要以正式的形式进行。

比如某员工完成规定的目标后，还超出20%，团队领导就该奖励其多少金额；而某些成员因为放松怠惰，没有按时完成目标，具体应该如何对待。这种制度是具有价值的，员工会因为这些制度而不断激励自己，尽最大努力完成目标。

8.2 可衡量的目标数据才有效，否则需量化

可衡量性的目标明确而不模糊是衡量性的基本标准，并且衡量是否达成目标，要有一组明确的数据可作参考。判断制定的目标是否能实现，取决于目标是否能衡量。表8–1，是一家企业的团队目标，之前目标是个概数，不可衡量，企业负责人根据建议，把企业的目标进行量化，以便在考核时有参考依据。

表8–1 某企业量化团队目标转化

维度	目标转化描述	考核依据
数量	每半个月召开质量协调会议一次 每周都要对关键部门进行质量巡检三次	会议记录、巡检记录

续上表

维度	目标转化描述	考核依据
质量	产品质量达标率要在 98% 以上 质量管理体系年审复核必须通过	客户评议、年审记录
时间	出现的任何质量问题，都必须在一周内解决 每月 1 号上交上月质量分析报告与报告复核要求	质量记录、分析报告
成本	质量造成的损失必须控制在 1 000 元以内	财务统计

目标可以定量计量。比如，一个目标是“在 5 月底门店要完成 100 万元的销售额”，这个目标就是可以衡量的，有完全的指导意义。比如这个目标执行的资金需要多少，什么途径才能获得这些资金，为了这样的途径又需要从事怎样的工作、认识怎样的人、获取怎样的技能，都可以一步一步地分析出来，并可以通过层层细化，找到现在应该做的事情。

判断制定的目标是否能实现，取决于目标是否能衡量。

比如领导提问大概还需要多久可以实现团队目标，而团队里的员工则纷纷表示早已完成目标，这就是领导与员工在团队目标上所产生的分歧，原因在于没有一个具体的可衡量的数据可分析。但大方向性质的目标就是很难衡量的，这说明不是所有的目标都可以衡量。

再比如，公司领导计划要为企业所有的老员工做一个管理培训，进一步优化他们各方面的能力。进一步具体指的是什么？这就是一个无法明确也不能衡量的概念。所以，给出一个明确的时间、明确的评分标准，目标才可以进行准确衡量。很多能被衡量的事情，最后都会做得到；而没有衡量标准并且模糊的目标，事情就很难办到。

举例：以企业的考勤统计为例，制定的工作目标会这样表达：“考勤表由 4 小时内成功完成 20 000 人的考勤统计而形成，最后上报行政主管。”这样一个工作目标就是一个完整的工作目标，并且完整包含了 3 个量化指标：时间的衡量——4 小时内，数量的衡量——20 000 人的考勤统计，质量的衡量——考勤表上报行政主管。这样一来，员工对于三个“量”的概念就在头脑中清晰地形成了，并能够确保执行到位。

将所有的目标都转化为可以衡量的具体的数据，这样在考核时也能省去不必要的麻烦。目标的衡量标准使策划人与考核人心目中有一个统一的、规范的、清晰的可衡量并且有效的标尺，是因为其遵循了能数量化的数量化，不能数量化的可以质量化的标准，杜绝在目标设置中出现形容模糊、概念不清等情况。目标的可衡量性可分为五个方面：数量、质量、成本、时间、上级或客户的满意程度。如果不能进行衡量，我们可以考虑将目标细化，细化后理出分目标，然后再从上面提到的五个方面衡量。如若依旧不能衡量，我们还可以考虑通过流程化使目标可衡量。

8.3 “努努力，能完成”是目标数据的最佳状态

“主管真的太过分了，定这么高的目标，怎么能完得成啊。”许多销售人员可能都有过这样的抱怨。从另一个角度来看，这个抱怨可以反映制定销售目标的又一个重要原则——可实现性。

这里所说的可实现性，指的是权衡了人力资源、范围、产品种类、成本等多方面因素而得出的数据目标，这个目标是实际的、可以实现的，而不是主管随意制定出来的。

销售主管在制定目标的过程中，非常容易出现一个错误，就是按照自己的意愿制定目标，还要跟下属员工们宣称“我不管你们的工作过程，只要销售量高就行”。用这样的方式制定目标就只看重公司效益，根本不关心员工是

否有相应的完成能力。

作为销售主管，如果目标制定得不现实，不仅不能激发员工的工作积极性和工作热情，反而会让他们产生负面情绪，导致对工作的懈怠。

所以，销售主管在制定数据目标的时候，一定要在掌握话语权的基础上，对目标的合理性和可实现性进行认真分析。

虽然主管要掌握话语权，但并不是没有限制的，目标制定出来，一定要可以被自己的员工接受。如果利用自己的职权，制定一个非常不切实际的目标，而且还强制性让员工完成，他们就会有心理和行为上的抵触。一旦没有完成这个目标，他们会有非常多的理由为自己辩解。例如："一直都在说这个目标一定不能完成，您就是不听，非要强加给我。"

上述是典型的控制型主管，他们的最大特点就是：从来不征求员工们的意见，总是按照自己的想法制定目标，然后直接交给员工完成。不过，对于现代员工来说，他们的学历、知识储备、素质、技能以及个性都远远超过从前，所以这种制定目标的方式已经越来越没有市场了。

在制定目标的时候，很多主管都会乐观地估计实际情况，例如，高估员工能力、消费者购买力、产品的吸引力等，在这种情况下，他们就会制定出一个脱离实际、根本实现不了的目标。

示例：在一个服装公司中，销售部门的月销售总量平均为 2 100 件，最高的时候也就在 2 500 件左右。销售经理为了提高自己的业绩，在没有做任何考虑的情况下，就给员工们制定了 4 000 件的月销售目标。目标一下达，就引起了众多人员的不满。到了月末的时候，销售经理发现销售量不仅没有提高，甚至连平均水平都没有达到。

案例中的目标就是不切实际、实现不了的目标。销售部门最高的销售量不过是 2 500 件，这位销售经理一下子就把目标定到了 4 000 件，这样的做法根本就没有考虑以前的销售情况，完全就是为了自己的业绩而制定一个过高的目标，取得不好的结果也在意料之中。

要想制定一个可以实现的目标，主管们应该充分考虑各个方面的实际情况，并在此基础上，多多征求员工们的意见，让员工参与到目标制定的工作中。

主管制定的目标应该既能让员工的工作充实，又要符合可实现的原则，要注意不能让员工跳起来“摘星星”，而是让他们跳起来“摘苹果”。

8.4 目标数据要有时间限制，切勿无止境延迟

管理者在制定目标时，时限性也是一个不可忽略的原则，时限性指的是制定目标要有时间限制。比如要求在 2018 年 6 月 30 日之前把这个目标完成，那么 6 月 30 日就是目标的完成期限。对于一个工作目标来说，如果没有明确的时间限制，不仅会影响目标的完成，还会影响员工考核的公平性。

没有时限性的目标，往往会让主管和员工对目标产生不同的认识，尤其在轻重缓急方面。

一个主管给员工分配了三个工作目标，却没有告诉他们具体的完成日期，其中有一项工作非常重要，但员工根本不知道。当主管向他们要结果的时候，发现他们根本就没有做，而是在做那项暂时不重要的工作。

在这个案例中，主管就没有为工作目标制定一个明确的时间期限，导致员工对工作目标理解有误，最终造成主管着急、员工委屈的局面。没有时限性的工作目标会影响员工的工作热情和工作积极性。

对于管理者来说，制定一个具有时限性的目标可以提高员工的工作效率。

如果制定目标以后，没有给员工设定一个完成的期限，那么这个目标很可能不会被准时完成。本来这个工作目标用一个月就可以完成，但员工们却拖沓了三个月甚至更长的时间，这样根本就达不到激发员工工作积极性、提升部门业绩的效果。

在设置目标的时间限制时，管理者应该综合考虑目标的难易程度、轻重缓急以及员工能力等多个因素，还应该对工作目标的完成进度进行定期检查，时刻掌握员工们的具体情况。这样，管理者不仅可以及时指导员工的工作，还可以根据掌握的情况适当地调整目标期限。

总之，在制定团队工作目标的时候，本节提到的五个原则都是不可忽略的。在制定目标的过程中，管理者可以深刻了解自己的部门和员工，同时也能够提升管理者的管理能力，积累更多的管理经验。

8.5 目标数据分解之自下而上法

自下而上法指的是，销售人员或销售部门制定好销售目标，然后逐级向上报告，最后汇总成工作目标的方法。目前，自下而上法正在被越来越多的公司采用，主要是因为它具有以下三个方面的优势：

1. 可以提高员工的工作责任感

如果由管理者制定工作目标，员工会认为那是管理者意志的体现，他们只能被动地接受，这会让他们有被强加的感觉，在完成目标的时候不情不愿。

而自下而上法首先要征求员工的意见，他们可以自己做主，从而提高了目标的主观能动性。通常人们对主动争取的东西有着一种强烈的责任感，并且愿意为之负责。

同样，管理者如果让员工自己制定和分解目标，他们也会对这个目标负责，会尽自己最大的努力完成。

2. 便于员工管理

工作目标一般都是逐年递增的，而且某些管理者过于好大喜功，所以制定出来的目标就可能过高且不切实际。如果把这样的目标分解给员工，他们肯定会说：这么高的销售额和销售量，谁能完得成？

在这种情况下，非常多的理由会被强调，比如产品吸引力不够、销售人员数量太少、市场竞争太大、销售策略不合理等，一定会给管理工作带来非常多的麻烦。

如果让员工自己制定目标，管理者只需审核目标是否合理并提出建议，情况就会完全不一样。例如，员工制定的目标过低，管理者可以提议向其他员工的目标看齐；员工制定的目标过高，管理者可以建议他认真分析产品的市场情况及以往销售情况，重新制定目标。员工自己制度并认可的目标，一定会努力完成的。

让员工自己制定目标能让管理者对自己的员工有更加透彻的了解，有利于更好地管理员工，完善管理工作。

3. 通过员工上报的目标，管理者可以更好地了解市场和消费者情况

制定目标不是简单地罗列数字，这个目标不管是管理者来定，还是员工自己来定，都必须要有科学合理的依据，例如，销售地区的客户数、销售阶段（淡季还是旺季）、市场竞争情况、消费者需求情况、消费者结构等。

员工在自己制定目标的时候，由于他们对上述因素最为了解，所以提交的数据最能反映市场和消费者的真实情况。通过这些数据，管理者可以更好地了解市场和消费者情况。

既然自下而上法有这么多的优势，那么管理者应该怎样使用这种方法呢？这就需要大家掌握以下四个步骤，如图 8–2 所示：

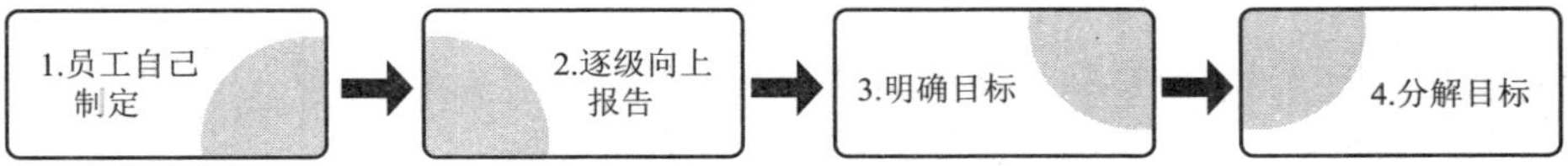

图 8–2　员工制定目标的步骤

第一步：员工自己制定

员工根据自己以前的销售额和销售数量以及目标完成情况，制定与自己相符的工作目标（包括月度目标、季度目标、年度目标），然后再制定每位客户、每种商品的目标，制定好以后交给自己的领导。

第二步：逐级向上报告

销售员工将自己的目标提交给销售组长，销售组长再提交给销售经理。销售经理需要对员工提交的目标进行分析，并做一些适当的调整，然后再提交给销售部负责人。这样一来，就实现了目标的逐级上报。

第三步：明确目标

销售部负责人在得到各个级别的工作目标后，要对其进行细致的分析，判断这些目标是否符合公司战略，有没有达成公司的总体目标。如果存在偏差，销售部负责人就应该对这些目标进行全面的调整，并上报审核批准。

第四步：分解目标

把最后确定的目标分解到每位员工身上，让销售经理、销售组长、销售员工签署目标责任书，正式认领自己的销售目标。

在现代的团队管理中，自下而上法已经变得越来越重要，管理者应该加以重视。而且每位管理者都应该把自下而上法的步骤掌握好，争取制定出更加合理的目标，并把目标更好地分解给每位员工。

8.6 目标数据分解之自上而下法

自上而下法指的是由管理者制定工作目标，然后再逐级分解给各个门店、各个销售小组、各位销售人员的方法。

对于那些不太了解精细化管理的管理者来说，他们在制定目标时，采用的都是相同的方法：首先确定一个销售目标，然后命令下属把目标分解到每位销售员工身上。

管理者在制定目标的时候，不可以只考虑销售这一个层面，还要综合考虑市场、产品、效益、客户等层面。除了销售额、销售量目标外，还应该制定市场占有率目标、增加客户数量目标、老客户回购率目标、客户满意率目标、产品效益目标……

因此，制定销售目标是一个比较复杂的工作，无论公司规模大小，管理者要想做到目标化管理，就应该把上述层面全部考虑进去，实现销售目标的全面化和体系化。

这些管理者在制定销售目标的时候，会根据以前的目标数据实现目标的合理化。

也有些管理者对自己要求比较高，想要制定一个更加科学的目标，这时他们就会认真地制定年度销售目标：先分析上一年度的问题，找出原因，再综合考虑各种因素（市场容量、市场竞争情况、政策发展方向、公司战略、产品情况等），最后制定出一个合理的工作目标并进行分解。

那么自上而下具体应该怎么分解呢？就从以下六个方面给大家解答这个问题：

1. 销售人员的分解

销售部门的目标制定以后，应该先分解给每个销售地区至少一个销售人员（基本上是一个销售区域安排一名销售人员）。

2. 各级市场的分解

大规模公司的销售范围非常广，甚至可以遍布全国。这时，目标就要分解到各个省、各个市、各个区。各自需要完成多少目标？重点地区、非重点地区分别是哪些？存量地区分解多少？开发多少增量市场？这些都是管理者应该考虑的，如图 8-3 所示：

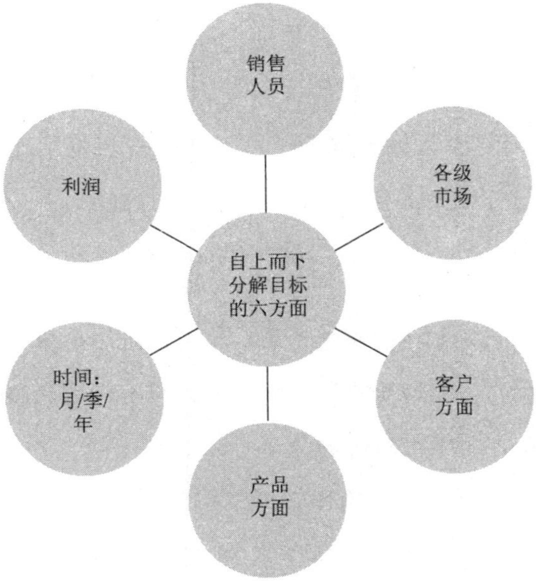

图 8-3　自上而下分解目标的六方面

3. 客户方面的分解

各级的经销商、代理商应该分解多少？老客户的数量增加或减少了多少？增加了多少个新客户？除此之外，还要分析客户的结构：大、中、小客户的数量分别是多少？他们在总量中的占比分别是多少？这些数据一定是要明确的。

4. 产品方面的分解

产品的分解包括很多方面，比如销售情况、销售比例、产品的库存、重点产品及目标额、新产品的铺货率、销售量等。

实际上，这样的分解还不够细化，销售人员最好能够了解每一位客户的消费需求，为每一位重点客户量身定制一份年度计划表，计划表中的数据目标一定要明确、清晰。

5. 月 / 季 / 年的分解

月度、季度、年度目标应依据上一年的月度、季度、年度目标制定，以数字形式体现，把年度目标分解到季度，再进一步将季度目标分解到月度，落实到销售部门每一位员工身上。

6. 利润的分解

当销售管理者完成上述分解任务后，就可以把目标分解表交给财务部门，由财务部门计算出目标可以获得的利润。如果没有问题，就可以提交给上级，如果出现利润问题，调整之后再提交。

注意：如果想要真正做好销售管理工作，财务部门的作用千万不能被忽略。如果没有相关数据的支持，再厉害的销售管理者也无计可施。因此，销售部门是公司的龙头，这是无可厚非的，但是公司是一个有机的整体，人力资源、财务、制造等部门也必须给予足够重视。

自上而下法虽然是一种传统的目标分解方法，和自下而上法相比，后者也有明显的优点。

8.7 将目标数据落于纸面，让员工签订责任书

完成制定和分解目标的工作以后，为了让目标更加顺利地实现，管理者还应该让每位销售员工签订目标责任书。

签订目标责任书主要有以下五个方面的优点：

（1）提高每位销售员工的竞争意识、责任意识；

（2）健全公司的竞争机制；

（3）让销售员工对自己的目标更加重视，给他们施加一定的工作压力，并把这个压力变成动力；

（4）让销售人员的思路与公司保持一致；

（5）将工作目标用书面的形式展示出来，便于管理者对目标执行过程的管理。

在现代化公司中，让销售人员签订目标责任书是一项重要的工作，主管要掌握目标责任书的制定。

图 8-4 是一份目标责任书的模板，各位主管在制定责任书的时候，可以作为借鉴。

在这份目标责任书模板中，我们可以看到，其中是包含奖励措施的，这在一定程度上起到激励销售人员的作用。

如果主管只把工作目标下达给销售人员，而没有这份责任书，销售人员可能只看到目标而看不到完成目标以后的奖励，这样会降低他们的积极性。有了这份责任书，销售人员可以明确知道自己可以得到的奖励，在完成目标的时候也就更加有动力。

XXXX 公司

2021 年度销售目标责任书

根据公司的销售总目标，并综合考虑市场竞争、历史销售业绩、产品实际情况等多种因素，为了充分调动每位销售员工的工作积极性和工作热情，保证公司销售总目标能够顺利实现，公司在公平、公正、自愿的基础上，特制定“2021 年度销售目标责任书”，并在该责任书中明确每位销售人员的目标和责任。

一、销售目标责任人：　　　　　　　　　　　销售地区：

二、销售目标任务：

三、完成销售目标的时间期限：2021 年 1 月 1 日—12 月 31 日

四、销售责任人应尽的义务：

在签订年度销售目标责任书以后，责任人应该履行以下几项义务。

1. 把完成工作目标作为未来工作的重心，做好规划，勤奋工作，尽自己最大的努力完成目标。如果目前的销售模式存在问题，应及时改进，公司也将不定期地进行监督、考核。

2. 认真做市场分析，及时向主管提交分析报告，为公司战略的制定提供有价值的依据。

3. 严格控制销售成本，做到不泄露公司机密、不违背职业道德，切实保障公司的利益。

4. 自愿接受销售主管、公司高层等领导的监督。

5. 在销售过程中，不得做与工作无关的事情，不得从事销售之外的第二职业，不能损坏公司的声誉。

6. 严格遵守公司的规章制度。

7. 严格遵守国家的法律、法规。

五、考核目标的办法：

各责任人应该按照工作目标，安排自己的销售工作。公司会成立一个或多个考核小组，对各责任人的销售工作进行考核。

六、奖惩方案：

1. 奖励的标准

把完成目标的情况，作为奖励的标准。如果 100% 完成工作目标，就要获得相应的奖励，奖励数额根据个人的销售额和销售利润确定。

2. 奖励方式

公司可以提供现金、旅游、股份等多种奖励方式，具体的方式由责任人和公司协商决定。

3. 对于没有完成销售目标的责任人，公司要对其进行考核，根据考核结果决定措施。

监督人：　　　　　　　　　　　　　　　　　　责任人：

年　月　日　　　　　　　　　　　　　　　　　年　月　日

图 8-4　目标责任书模板

8.8 对目标数据进行看板管理，进度可视化

在现代化管理当中，可视化正在成为一个越来越重要的特征，而看板则是实现可视化的一个重要方式。对于销售主管来说，用看板管理销售员工，不仅可以清楚地掌握他们的目标进度，还可以知道哪些员工是需要对他们的工作进行有效指导的。所以，销售主管必须掌握看板管理的知识。

在进行可视化的看板管理时，不同的公司可能存在某些差异，但有句话说“万变不离其宗”，我们只要掌握了“宗”，就可以应付其中的“万变”了。

本节为大家详细介绍看板管理中的“宗”，让大家可以更好地把看板管理利用起来。作为一个销售主管，如果想要实现看板的可视化管理，就应该做好以下三项工作：

（1）在建立看板的时候，一定要保证它可以最大限度发挥可视化作用。

（2）在使用看板之前，要考虑可能出现的问题，然后在使用过程中，要尽量规避这些问题。如果问题出现了，管理者要积极进行整改。

（3）要保证看板可以及时反馈销售人员的目标进度。

为了保证看板可视化作用可以最大限度发挥，管理者必须注意以下四点：

第一点，把看板放在一个非常显著的位置；

第二点，在给看板布局的时候，要保证其合理性；

第三点，看板中的内容一定要醒目，要让自己和员工都能看清；

第四点：做好看板的内容设计，要把最重要的内容展示在上面。

以上最重要的就是内容设计。

一般情况下，销售部门使用的看板应该包含以下内容：企业愿景、年度目标、月度目标、每周业绩、每月业绩、完成值、完成率等。如果想为销售人员设立榜样，还可以设立周业绩之星、月业绩之星，并把他们的信息和业绩展示出来。

图 8–5 就是一个非常典型的销售看板，内容全面、布局合理，销售主管在制作看板的时候可以借鉴。

企业愿景：							
20××年目标：××××				已完成____%			
月份	目标值	每周业绩				完成值	完成率
		第一周	第二周	第三周	第四周		
1月							
2月							
3月							
4月							
5月							
6月							
7月							
8月							
9月							
10月							
11月							
12月							

综观：					
周业绩之星				月业绩之星	
贴照片	姓名			贴照片	姓名
	业绩				业绩

个人业绩				
姓名	20××年××月			
	第一周	第二周	第三周	第四周

图 8–5　销售目标看板图

如果公司条件允许，销售主管应该把团队中每一位销售员工的销售目标以及目标完成情况用看板的方式展示出来，然后把这个看板摆在部门最显眼的地方，让所有员工都可以看到。

这样一来，可以让他们意识到各自的不足与优势。对于业绩好的销售员工，看板可以给他们增添信心，促使他们继续保持；对于那些业绩不好的销售员工，看板可以给他们提醒，推动他们不断进步。

8.9 月初、月中、月末，把握三大重要时间点

月初紧：前 10 天要完成 50% 的月目标

销售主管不仅需要分解目标，还需要把目标执行的过程管理好，特别是月初这一执行关键期。

我们做任何事情，都希望尽快取得成果，销售工作也是如此。所以，销售主管应该在月初的时候就让员工争取做到销售目标的开门红。

那么销售主管应该如何让员工做到开门红呢？可从以下几个方面着手，如图 8–6 所示：

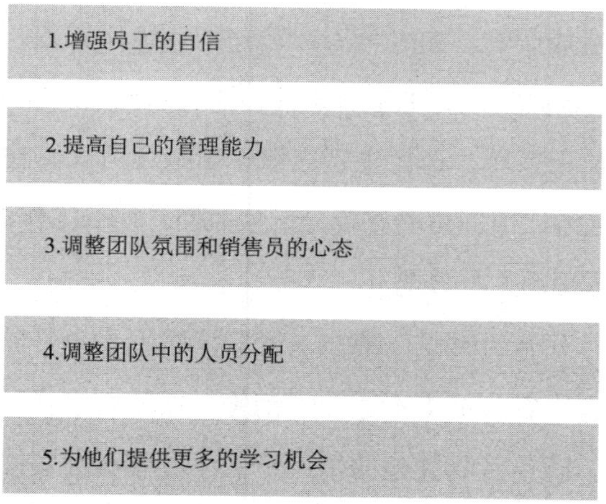

图 8–6　销售主管提高成员业绩的五大方法

（1）增强员工的自信

在销售行业中，会存在个别销售员工非常没有自信，既对自己没有自信，也对产品没有自信。在他们的观念中，销售和求人是没有什么两样的。在这种情况下，他们怎么能做好销售工作、提高销售业绩呢？

这时，销售主管要尽力提高销售员工的信心，改变他们对销售工作的观念和心态，可以多找员工谈话，了解他们的想法，在谈话的过程中，多跟他们说一些著名销售人员的案例。这样，他们的自信心就会有一定的增强，也就更能把销售工作做好，实现开门红。

（2）提高自己的管理能力

一只狮子带领的团队要优于一只绵羊带领的团队，作为管理者，你的能力必须达到一定水平，才可以带出有能力的员工。

销售主管必须做到：正确认识自己，并在此基础上提高自己。如果一个销售主管的业绩非常差，又怎么能要求员工有好的业绩呢？

（3）调整团队氛围和销售员工的心态

一般情况下，销售从业者的压力都是非常大的，如果心态调整不好，就会对目标的完成造成影响。如果员工在月初的业绩比较差，我们不能太过苛责他们，还是要以鼓励为主，如果有条件，还可以提高目标奖励。

为了给销售员工减压，销售主管应该创新减压方式，比如每月的第一个周末一起去户外旅游、组织运动比赛等，为他们月初的工作注入能量。

（4）调整团队中的人员分配

在新的一个月开始的时候，销售主管应该根据上个月的销售情况，调整团队中的人员。也许有些员工不适合做销售，那就要选择一个合适的办法让他转做其他工作，防止影响其他的销售员工。也许有的员工正在销售他不了解的产品，那就可以调整他的岗位，让他去销售自己熟悉的产品，从而使团队达到更好的效果。总之，销售主管要让销售员工元气满满地开始新一个月的工作，完成月初的目标。

（5）为他们提供更多的学习机会

销售人员的学习能力都是比较强的，当有学习机会的时候，他们可以非常快速地掌握要领。如果想让员工在月初完成 50% 的月目标，我们应该给他们提供更多的学习机会。

例如，在每月的第一天，拿出一个小时左右的时间，对所有的销售人员进行培训，让他们学习更多的销售知识和销售技巧，为这个月的工作打下一个良好的基础。俗话说“活到老、学到老”，就算是那些经验比较丰富的人员，也应该让他们多参加这样的培训。

无论是销售主管，还是销售员工，都应该把握好月初这一个关键阶段。员工们要努力工作，争取在月初完成 50% 的月目标，而销售主管要从上述几个方面助力他们实现这一目标。

月中检：检验工作量，督促后进者

很多销售主管都认为，只要销售结果是好的，销售过程就不重要了，这种想法是不正确的。如果销售结果根本没有达标，如何能在销售过程中找出症结所在呢？

这也是很多销售主管的管理作风，他们觉得自己没有精力和时间管理销售过程，索性只看结果。

成功的管理者多是既注重结果又注重过程，他们认为过程做得好结果自然不会差，其实这才是优秀的管理理念。

如果你的员工素质参差不齐，要想让他们每个人都可以跟上企业的节拍，那就不能只要结果，而是应该在销售过程中，不定时检查他们的工作，加强对他们的监督，以此保证团队的整体进步。

其实，比起那些优秀的员工，这些员工才是销售过程中的重点考核对象。为了让他们最后可以完成目标，在月中的时候，我们一定要拿出一些措施督促他们。

我们还可以让这些员工总结自己的销售工作，以避免在未来的工作中出现同样的问题。销售主管还要多开会，让员工在会中互相交流经验、传授销售技巧。

如果销售主管掌握了上述措施，就可以更好地管理员工，督促他们顺利完成月目标。

月末冲：月底总动员，冲刺销量冠军

“到了月末了，大家冲一把吧。”这是大多数销售主管惯用的说辞，但这句话起不了太大的作用。月末是执行目标过程中的一个非常重要的阶段，销售主管们一定要重视。

月末是销售员工创造奇迹的时候，大家都铆足了劲全力冲刺，这个时候，销售主管就要帮助他们发挥最大的冲劲。

在月末这个阶段，许多销售员工由于没有完成目标，逐渐产生情绪，导致工作没有动力。在这种情况下，销售主管就需要多激励员工，为他们去除负面的想法和情绪，可以从以下四个方面着手，如图 8–7 所示：

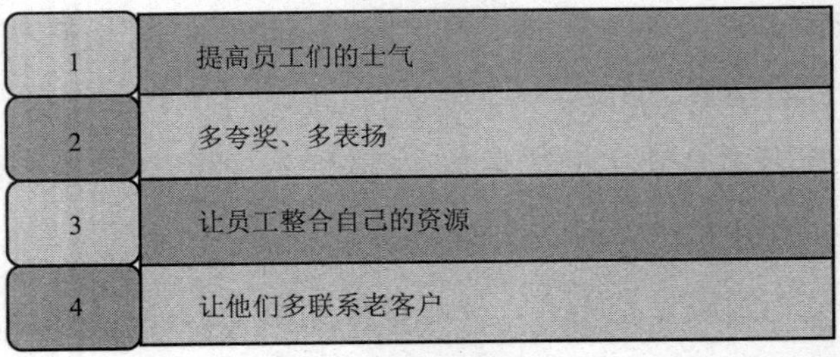

图 8–7　月末管理者激励员工的四个方面

（1）提高员工们的士气

最好的办法就是提高士气，再有能力的团队，如果士气低迷也不会正常工作。所以，销售主管首先要做的就是提高员工们的士气，给他们加油鼓劲。

为了达到良好的效果，提高士气必须有实际的奖励，比如业绩达标后旅游等。员工们受到奖励的激励，也会变得更有动力，这样才能达到提高士气的作用。

（2）多夸奖、多表扬

所有人都喜欢被夸奖、被表扬，并且会尽力避免受到批评，这是我们的本能——趋利避害，所以，如果想让员工在月末冲刺达标，就要多夸奖、多表扬他们。

在月末的时候，销售主管可以对员工们说：“上半个月，大家的工作都做得非常不错，表现也非常棒。现在已经是月末了，希望大家继续保持，我相信大家一定可以顺利完成目标。”听到这种话，员工们就会觉得自己是被信任的，工作起来也就更加卖力。

（3）让员工整合自己的资源

对于销售行业来说，人际关系资源是非常重要的。目前有些销售员工走进了一个误区，他们非常卖力地考察市场、推销产品，但是却找不到很多有需求的客户。

为了让他们走出这个误区，销售主管应该引导他们整合资源，看看有购买意向的客户，从有购买意向的客户身上着手，往往能达到意想不到的效果。

（4）让他们多联系老客户

作为销售行业的管理者，我们应该知道，拉一个新客户的成本要比维持一个老客户的成本高。

所以，到了月末的时候，如果员工的目标完成较少，就应该让他们和老客户取得联系，这比追求新客户要容易得多。

许多销售人员都希望在月末的时候把目标完成，但有的员工目标完成得太少。我们一定不能让这种情况发生，这就需要我们做好以上几项工作，这样不仅可以提高员工的工作积极性，还可以给那些有冲劲的员工注入更大的动力。

第9章

考核数据分析：动态地衡量员工业绩

单一角度的考核结果很可能有失偏颇，销售团队管理者需要从不同方面、多维度对成员进行考核，动态地衡量员工业绩，确保结果的合理性。本章将详细介绍销售团队的13种考核方法，以供管理者参考。

9.1 记录员工实绩，建立考核数据统计表

近年来，很多销售团队实行绩效统计考核。绩效统计考核是增大销售团队员工工作动力的一种优秀的制度和方法，方便销售团队在考核评估时获得有效数据，无疑是具有实用性和先进性的。尽管绩效统计考核是评估销售成员业绩的重要依据，关系销售成员的是非功过和奖惩升迁，但是绩效考核数据也存在不真实的可能性，使用实绩统计法可以有效地完善绩效考核。

实绩统计法，又称成果记录，它是反映员工工作成绩的数据指标。优秀的销售团队都设置有业绩统计表，并挂在办公区域的墙壁上。业绩统计表包括日、月、季度、年度的业绩信息。

9.2 深入一线观察员工，客观衡量工作成效

现场观察法是指分析者在现场通过实地亲测员工工作，得到分析信息的方法。当运用现场观察法考核员工工作成效时，考核人员必须把下属每一位员工正在做的工作一一详细地记录下来。采用此种考核方法时，可选择连续一段时间的观察方式或者断断续续的观察方式，具体选择哪种方式需要根据

不同工作的具体工作内容决定。

例如，一家房地产企业要考核一名电话销售人员的沟通水平，需要进入话务室观察他在电话中与客户的沟通情况，看其是否能够清晰地介绍产品，然后观察他对不同类型客户的说话方式，这样最终就可得出最真实的考核结果。

这种考核方法的局限性在于许多工作并不能够被直观观察出来，或者某些工作内容本身偏重于心理活动无法直观衡量。因此，现场观察方法不适用于企业高层或技术复杂的长期不确定性工作，它只适用于重复性工作，通常与其他方法结合起来使用。在使用观察方法时，观察人员应准备记录观察事项的表格，有条件的可以进行摄录，方便总结和分析，另外注意不要干扰或影响被观察者的工作。

根据工作的种类，存在不同的观察对象，现场观察法可分为直接观察法、阶段观察法和工作表演法，如图 9–1 所示：

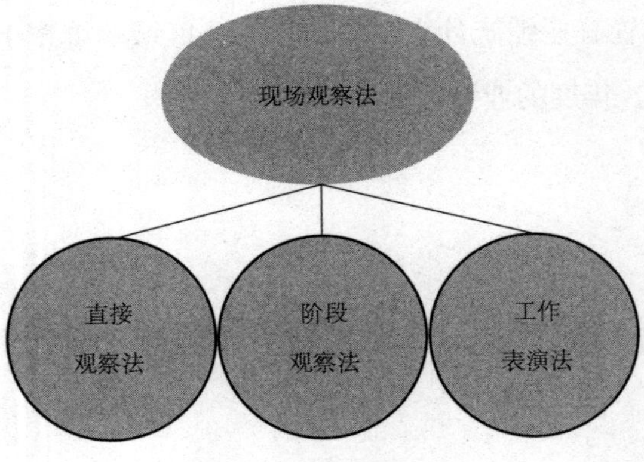

图 9–1　现场观察法的三大分类

1. 直接观察法

考核人员或数据分析人员直接对销售的全部工作活动进行观察。直接观察法适用于重复性强周期短的工作，比如发单员，此类工作基本是以一个工作日的时长为周期，考核人员可以一整天对被观察者进行直接观察。

2. 阶段观察法

有些员工的工作周期性较长，直接观察无法得到相应的结果，所以需要采取分阶段的观察，比如出版社的一本书从制作到印刷出版需要几个月甚至半年的时间，考核人员不可能仅从某一时刻观察出结果，所以必须采取分阶段的观察方法。

3. 工作表演法

适用于用时很长或意外事件较多的工作。如销售经理的工作，除了培训、谈判等正常工作活动外，还要面临许多突发性事件，如退单处理等，考核人员可以要求销售经理进行事件处理演习，以此进行该工作的观察。

9.3 组织询问活动，根据询问结果评估员工

调查询问法是指需要先做好各个项目的指标标准，然后以书面问卷或者当面提出等方式让被考核人员回答，根据答案对比考核标准得出结论的一种考核评判方法。

根据不同的调查询问手段，调查询问法可分为访谈调查询问法、问卷调查询问法和座谈会调查询问法，如图 9–2 所示：

1. 访谈调查询问法

访谈调查询问法就是以访谈的形式进行调查询问，通过与被考核对象的交谈收集所需考核资料的调查方法，也叫访谈法、谈话法或访问法。

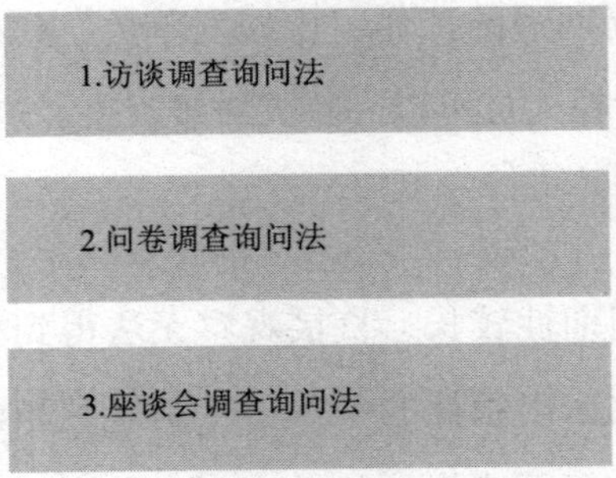

图 9-2　调查询问法的三种手段

在运用访谈调查法时，依据访谈内容的细化分类，可将访谈分为结构性访谈与非结构性访谈。两种类型都具有直接、灵活、回馈率高的特点，但要求谈话主导方有较高的访谈技巧。访谈调查法的本质就是与被考核人员进行有目的的谈话，从而帮助考核人员收集被考核人员的可衡量的工作绩效，完成考核任务。

2. 问卷调查询问法

问卷调查询问法是考核人员把考核信息用书面的形式整理出来，然后让员工用文字回答，完成对员工考核的一种方法。

问卷调查询问法的优势在于：覆盖面广，基本可以得到全部人员的工作信息；问题焦点集中，得到的答案非常具有代表性；考核成本低，工作量相对较小。缺点是考核过程受书面形式的限制，无法对员工进行全方位的评价。所以，问卷调查法不能完成复杂的考核评估工作。

3. 座谈调查询问法

座谈调查法是在一个集中范围内随机抽取个体，再按照事先商量好的谈话程序，从被考核人员中得到所需评价的参考信息的一种考核方法。

这种调查方法需要在开展正式座谈会前形成一个标准的问答程序，按照问题的顺序对被考核人员进行详细提问，一般问题都是定向选择式的（即单选题）。

上述三个方法是最常用的调查询问法的考核方法，公司考核人员在考核员工绩效的时候可以参考使用，以便真实客观地得到考核结果。

9.4 从工作行为中提取考核数据，做立体化评估

行为记录法是把被考核员工在特定时段内的工作行为合理、适当地记录下来，从中得到需要考核的相关量化指标。

通过行为记录法，考核人员能够得到被考核员工工作的立体信息，可以使管理人员或领导者知道自己的员工具体做了哪些工作、做到什么程度，并及时发现员工存在的问题，有效地制定能够提高员工工作能力和效率的方法。行为记录法对培训新员工或提高员工能力都有很好的帮助。

9.5 收集代表性事件，将信息分类整理

在客观评价体系中，关键事件法是最简单的一种形式。关键事件法是指考核人员只记录下级员工在平时工作中发生的具有代表职务特点的事件，然后按事先协定好的时间（通常为半年或一年），考核人员与被考核员工展开研究讨论，得出评价结果，一般得出的结果只有成绩突出或不合格。

关键事件法的实施所采用的原则是挑选最符合员工职务特点的工作行为，

并找到其中最具有代表性的部分评价其绩效。具体来讲，就是首先需要考核人员对关键事件进行收集，避免凭空臆想，需要调查了解并整理出来，再得到突出或不理想的职务绩效。

实施关键事件法时的步骤如图 9-3 所示：

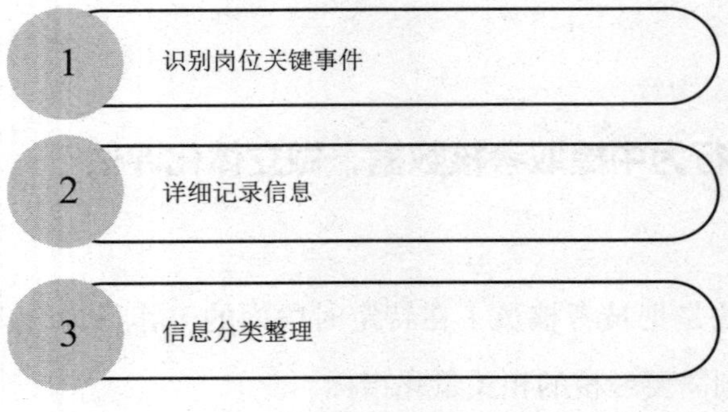

图 9-3　关键事件法实施步骤

1. 识别岗位关键事件

运用关键事件法分析下级员工的工作绩效，最主要的在于对该职务的代表性事件的把握，这对考核人员的专业分析能力有非常高的要求。如果不是从事该行业，对专业技能了解不深，考核人员很难快速抓住该职务的关键事件，这将给整个考核行为及最终结果带来严重影响。

2. 详细记录信息

在抓住关键事件后，了解相关信息，包括该关键事件的产生条件、发生原因、具体经过、员工应对行为、处理结果等。

3. 信息分类整理

将各项工作信息收集记录完成后，需要把这些信息进行归类并总结得出该员工的量化数据指标，以便最终评价该员工的绩效。

关键事件法的主要优点在于它分析员工工作成绩的角度比较全面，能够照顾职务的不同特点，这样得到的评价结果对员工也具有说服力。

但是这个方法也存在较明显的缺点：一是费时，需要花费大量时间搜集关键事件，并加以归纳；二是虽然对关键事件的定义具有代表性，但忽视了员工的平均工作成绩。所以这种考核方法更适合与其他的方法综合使用，才会达到最好效果。

9.6 与员工近距离接触，应注意的问题

印象评价法是通过与被考核人员的接触，考核人员在自己主观心理因素的影响下形成一种参考评价的考核方法。

在实施印象评价法的时候，考核人员要避免提出过于细节的问题或指标，提问题一定要十分明确，因为过多的干扰只会导致考核成绩不够准确。

那么，印象评价法究竟涉及哪些应注意的问题呢？如图 9-4 所示：

1	首因效应
2	近因效应
3	晕轮效应

图 9-4 应注意的问题

1. 首因效应

也叫优先效应或第一印象效应，是指人与人之间的第一次见面形成的印

象对以后相处关系的影响。第一印象也许会产生不公平的因素，但这却是社会复杂关系中最鲜明的特点。

在对员工的考核中，第一印象好代表员工的工作态度与团队合作方面有良好的表现，第一印象也具有参考价值。

2. 近因效应

指的是人们在记忆一件事物时，越接近事物的末位部分，记忆的效果越好，记得越牢固，反而对开始部分会模糊的现象。根据这种现象可以得出一个结论：记忆信息的间隔时间越长，近因效应就越明显，新近产生的记忆就越清晰。

比如，一场多人的演唱比赛，观众会对最后一名歌手的表演记忆深刻，对第一名演唱的歌手记忆模糊。

在绩效考核中，考核人员会根据被考核员工的最近工作表现评价员工在整个工作期间的成绩，如果一个员工在近期的工作中有重大业绩或者失误，可能会造成过高或者过低的评价结果。

3. 晕轮效应

也称光环效应、以点概面效应，是指当一个人对另一个人产生认知时，只针对他看到的其中一个特征所产生的印象推论该人的其他方面的现象。

这些效应会着重体现在印象评价法中，所以，考核人员在考核中要注意尽可能地客观评价员工，得出公正的绩效评价结果。

9.7 针对项目划分等级，得出考核结果

等级考评法是公司普遍实施的一种考核方法，这种考核方法的操作形式

比较简单，首先把各个项目做出详细的描述和分类，然后针对每个项目给出不同程度的定义选项，按照事先规定的等级成绩进行评价，最后得出评价结果。

等级考评法有四种主要形式：

第一种是五等级法，分别为优秀、良好、中等、及格、不及格；第二种是四等级法，分别为高级、中级、低级、非常低级；第三种是三等级法，分别为上、中、下；第四种是二等级法，分别为合格、不合格。

不是所有的公司绩效考核都必须使用这四种等级评价的方式，具体来说，等级考评法的手段可以分为两种，一种是评级量表法，另一种是等级择一法。

1. 评级量表法

评级量表法是把员工的工作内容分成若干方面，每个大的方面有多个项目，项目后有一个量表，考核人员根据量表得出最终考核成绩。评级量表法是最早使用并流行的一种考核方法，因为相比其他的考核方法，评级量表法容易操作，有较大发挥空间，成本低、效率高。

评级量表法有表示形式和非表形式两种。考核人员考核员工时，如果采用表示形式的评级量表，那就要结合实际情况，规定每个项目的每一等级的要求。从实际应用的角度看，非表形式的应用范围更广，程度更合理。

非表形式的评级量表实用性更强，因为它对量表中的每一个指标或衡量数据都有明确的说明，而不是简单地得出“高”或“低”的结果，这样会使考核人员的考核结果更加准确和可靠。给大家列举一个常用的五等级量变样式，见表 9–1。

表 9–1　五等级考核量表

考核内容	考核项目	说　明	评　定
基本能力	知识	是否充分具备现任职务所要求的基础知识和实际业务知识	A B C D E 10 8 6 4 2

续上表

考核内容	考核项目	说　明	评　定
业务能力	理解力	是否能充分理解上级指示，干脆利落地完成本职工作，不需要上级反复指示	A B C D E 10 8 6 4 2
	判断力	是否能充分理解上级意图，正确把握现状，随机应变，恰当处理	A B C D E 10 8 6 4 2
	表达力	是否具备现任所要求的表达力，能否进行一般联络、说明工作	A B C D E 10 8 6 4 2
	交涉力	在和企业内外的人员交涉时，是否具备使双方接受同意或达成协议的能力	A B C D E 10 8 6 4 2

2. 等级择一法

除评级量表法外，等级择一法也属于等级考评法。等级择一法指的是考核人员把各个指标按一定等级明确好，然后根据被考核人员的实际工作情况，一一对应各个等级，最后得出考核结果的方法。等级择一法是最简单实用的评价方法。

等级择一法的独特之处在于进行评价时直接使用简短的文字描述考核指标，但在具体实施中，等级择一法也存在一些劣势，比如对员工的工作不具有指导作用，无法了解工作活动中的细节信息等。

9.8 考核者为员工打分，但要避免主观判断

分数考评法是赋予各项数据等级一定的权比或者分数，由考核人员根据

员工的实际工作表现打分，最终得出考核总分数，简单来说就是分数是一个固定的数值，可以加分或减分。那么在考核中，该如何运用分数考评法呢？具体来讲有以下四种打分形式，如图 9-5 所示：

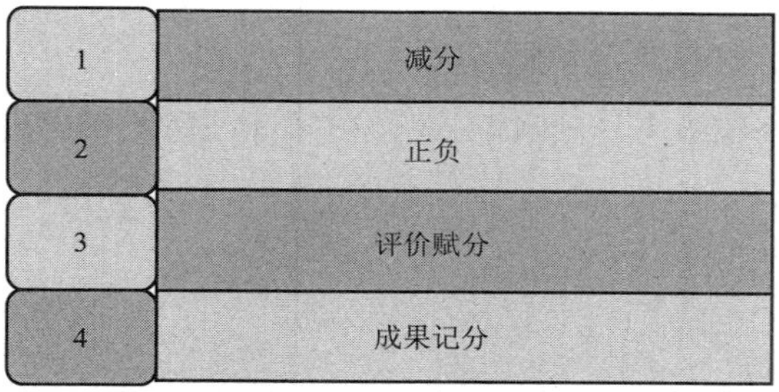

图 9-5　分数考评法的四种打分形式

1. 减分

减分是根据考核标准对应的情况进行减分处理，如果被考核员工在某一项工作指标中没有异常情况，就按减分为零处理，即不扣分。例如，企业市场部门的销售目标完成率 = 实际零售额 / 目标零售额，该考核指标所占分数为 10 分，如果员工的完成率在 80% 以上，则不扣分，80% 以下开始扣分，每下降 1 个百分点，扣 1 分，某位员工的完成率是 78%，那么该项的得分就是 10-2=8 分。

2. 正负

与加分或减分类似，正负考评法为考核人员提供两个选择，要么是正，要么是负，即针对被考核人员的实际工作表现作出正负评估。正负考评法以正负两级化的考评，增加公司员工的执行力和任务完成外在驱动力，这样的考评方法可以使员工不必担心团队出现“干多干少都一样、干好干坏都一样”的消极现象，只要绩效表现好，就可以得到正分数，否则就是负分数，没有中间状态。

3. 评价赋分

评价本身就代表着考核人员的个人主观倾向，从分数考评的角度看，能否将这些主观评价纳入分数体系呢？答案是可以的，评价赋分法就是这样的原理，将考核人员对员工的主观评价按照一定的标准折合成具体的分数值，或一定的权重比，这就是评价赋分。

例如，在某个绩效考核项目中，给出五组特定的评价词语，由考评者自主评价，如果评价结果中有这五组词语或类似含义的，就可以给出相应的分数。

4. 成果记分

成果记分则是把被考核人员的工作成果纳入分数考评中，根据成果的优劣和多寡进行评分，优者高分，劣者低分，未完成考核指标的扣分。成果记分不注重过程，而是从员工工作的最终结果来看，所以为了公平公正，采用成果记分还需要有对过程的考核，这样才能对员工有一个比较客观的评价。

分数考评法属于一种绝对考核法，它也有自身局限性，因为分值是由考核人员决定的，所以不免带有主观偏见。

所以，采用分数考评法时，要尽可能把考核项目细分，增加考评的形式，将减分、正负、评价赋分、成果计分按照实际情况综合运用。

9.9 利用图表分析员工，将考核数据分档

要素图示法指的是用图形表示员工的考核指标和工作信息，利用图表进行分析，得出最终考核关键要素的一种考核方法。如果采用要素图示法对员工进行绩效考核，需要将考核指标按程度分档。

比如分为三档，即极为需要考核、较为需要考核、需要考核，再选取最

具考核目的的相关要素。如果考核要求更加细化，也可以分为五档，可根据实际情况变动。下面列举一个分为三档的要素图示，如图 9-6 所示。

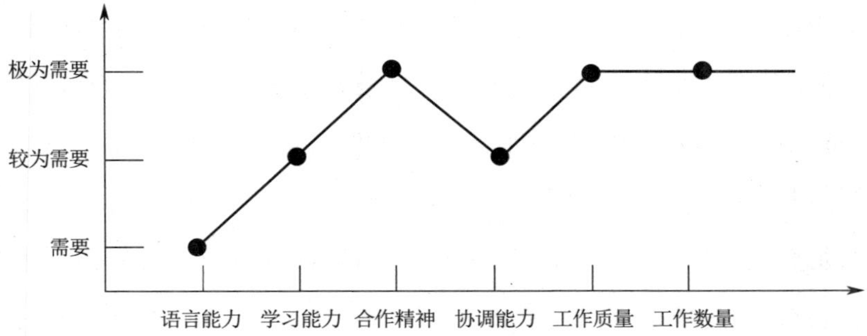

图 9-6　要素图示法

在这个要素图示法中，考核项被分为三档，分别是需要、较为需要和极为需要，结合具体的指标，对员工做出考核评价。具体来讲，描述要素图示法需要三个步骤：第一步，根据具体的工作职责列出相关要素和考核指标；第二步，经过筛选后将各要素列在图示的横坐标，将需要程度列入图示的纵坐标；第三步，由考核人员或专业人士对其进行填充，优选出需要的指标。

要素图示法将员工的相关工作考核信息用图表的方式表示，再根据具体图形的展现得出最终考核形式。比如针对宾馆服务人员的考核问题，如果使用要素图示法，就需将服务人员工作的各个考核指标按照重要程度排列，筛选出关键要素，包括服务质量、着装仪表、工作态度等。

9.10　分析工作成果，对团队或者个体做综合评估

成果评定法是指根据团体或个人的工作成果对其进行评价的一种考核方

法。成果评定法以评定的结果为依据判断被考核人员在同行中的地位，然后确定团体或个人的创造才能在同行中应占的地位。

在成果评定法的考核中，只有具体的协作成果才适合作为考核指标，比如网站制作与优化、科研报告等，这些社会活动既是协作型学习成果，也可以反映员工的协作成果。考核人员可直接根据小组员工的协作成果进行工作表现评估，在进行考核前，需要协作小组的组长填写总结报告。

总结报告必须呈现小组员工在完成小组目标时的具体行动、行动中所采取策略的思考过程、需解决的问题等。总结报告写得越详细具体，考核人员做出的考核评价越准确客观。

在做考核评价时，考核人员可以根据具体的指标体系进行量化评价，如果协作小组较多，考核人员可按照各小组的协作成果报告和优异程度进行排列等级。

之所以将成果评定法列入相对考核法中，是因为成果评定根据最终结果进行考核，弱化了绝对化绩效指标的考核。即使是同一个绩效考核指标，因为每一个协作小组的目标不同、员工不同，其成果也不同。

因此，考核人员在进行员工业绩考核时，要对以小组为单位的和以员工为单位的工作成果作出综合业绩评估，这是一个相对的过程，而不是绝对依照某个固定参照物作出的评价。由此可以看出，成果评定法适用于那些由协同合作产生成果的考核指标。

9.11 按照业绩为员工排序，找出最优员工

个体排序法又称排队法，是考核人员按照员工工作成绩从好到坏的顺序

依次排列的方法，这种排列法，只会产生一个最优秀的员工。

个体排序法，就是根据可衡量的工作业绩将被考核的员工排队。比如部门主管下属共有 20 名员工，按照个体排序法进行评价，最终得出员工业绩表现的名次。

某公司的销售部门有 10 名员工，首先，整理归纳这 10 名员工的工作信息；其次，从这 10 名员工中找出销售完成效率最差的 A 员工，在其姓名旁记上数字“10”；再次，从剩余 9 名员工中找出销售完成效率最佳的那位 B 员工，在其名字旁记上“1”；然后，从剩余 8 名员工中找出表现最佳的 D 员工，在名字旁记上“2”……以此类推，最终为这 10 名员工排列好名次，员工考核成绩的优劣顺序就有了。

个体排序法更加适合员工较少的团队，团队人员少就不容易产生多名员工考核成绩差距特别小的情况，每名员工之间差距明显的排队才更有指导性意义。

需要强调的是，从考核管理的角度出发，考核人员不应参照排序结果对员工产生偏见，而应根据排序结果，对员工开展有针对性的工作辅导与沟通。

9.12 在员工之间做配对比较，评出优秀者

配对比较法最早在研究人们的颜色偏好问题上使用，是使用顺序量表的一种方法。配对比较法是将所有待比较的事物进行一一配对，再根据对比结果制作一个顺序量表，这种研究方法督促人们在两种差异不大的事物中做出选择，是评价和判断最为简便和经济的方法。

配对比较法在很多领域都在被使用，比如消费行为学、认知决策等。配

对比较法也可以应用于对销售成员进行绩效考核的权重设计。在绩效考核中，配对比较法指的是将所有参加考核的员工都放在一个信息组里，组中的每个员工都需要与其他的员工进行一一配对比较，评出优劣者并排序。

配对比较法通常有绝对值比较和相对值比较两种形式。销售团队常用的销售业绩比较就是绝对值比较，而销售贡献比较就是相对值比较。通过利用这两种比较方式，考核人员可以促使销售员工产生压力，形成追逐赶超的工作氛围。

如果想知道销售员工的工作状态，可以先看其业绩的同比。同比很好时可以再观察环比，环比也不错时就拿其他的数据与之对比。总之，要在数据上找到销售员工的毛病，促使员工努力完成自己的目标，还显得客观而公正。

事实上，配对比较法考核绩效水平的主要形式是排序，其优点是对每个考核指标都进行员工间的配对、比较，针对性和细致性都较强，这种方法考核各个要素，显得更加公平与公正。

考核人员在实施配对比较法时，要保证把被考核人员分别和其他被考核人员进行配对比较。例如，某金融企业要选出 10 名业务人员进行优秀销售评比，在进行绩效考核时，就要将每一位业务人员与其他 9 位业务人员一一进行配对比较，每个业务人员需要进行 9 次配对比较。

每一次配对比较时，两个业务人员中表现较好的得 10 分，另一个不得分，这样全部进行配对比较以后，将每位业务人员的分数相加，分数越高，考核成绩自然也就越高。但使用配对比较法考核员工时，人数不能过多，以 6 ~ 10 名被考核人员为宜。

配对比较法的优点在于它对所有被考核人员相对公平，比如，对 A、B 两名员工按配对比较法考核时，就需要将考核的每个指标一一进行对比，这样很容易对比出相同指标下哪位更好。

前面我们讲到个体排序法，它和配对比较法都是排序型的考核方法，但是两者有一个最明显的不同之处：配对比较法需要进行一一配对的比对，从而得出考核结果；而个体排序法则将每个个体直接按业绩高低顺序排列，不再做细致考核。考核人员可根据具体情况选择合适的方法。

9.13 按照正态分布原理，完成绩效考核

强制分布法也叫强制正态分布法、硬性分配法，该法是将被考核员工按照其自身绩效，强制列入已经确定占比的绩效评价等级，再根据被考核员工所在的等级或奖或罚的一种考核方法。

要注意的是，绩效评价等级中各等级的占比分布是以正态分布的原理进行的。而所谓正态分布原理，就是我们俗称的“两端小、中间大”，如果以平面的方式展现，就犹如一座山：两端低、中间高，如图 9–7 所示各等级的占比示意。

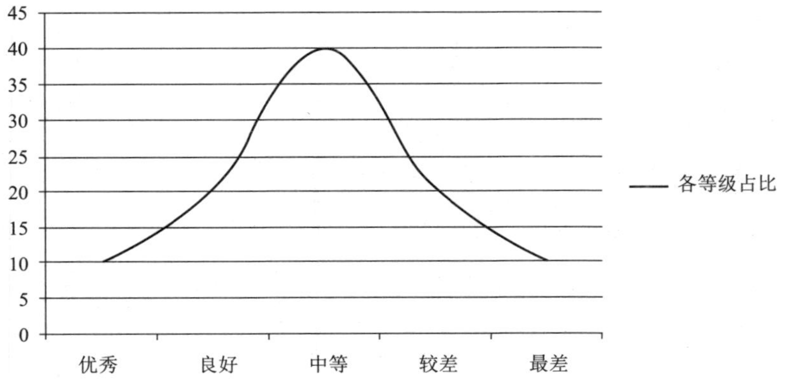

图 9–7　绩效评价各等级占比示意

各等级比例确定之后，企业考核者就可以将被考核员工按照其自身所达成的业绩成就对号入座，进行员工的绩效考核，这便是我们所说的强制正态分布法。

这种强制分布法因为是根据正态分布原理确定等级比例和考核的，所以可以在一定程度上减少由于考核人员的主观性而产生的考核误差。并且当企业的被考核员工较多时，该法是非常实用的，使用这种方法可以更好地对企业进行管理，该法能在一定程度上对员工产生激励作用。

然而，强制正态分布法也是有缺点的。由于该法所设定的等级分布比例具有确定性，所以当员工的绩效水平并没有遵循这一等级设定的时候，考核者若还要将员工按照这一设定进行硬性地区分、列入，就容易引起问题。

所以，我们在使用强制正态分布法考核绩效的时候，一定要注意尽量发挥其积极的强刺激作用，并最大限度减少不公平。在使用该法之前，企业管理者必须对其利弊有一个衡量，确定该法是否适用于自身企业，比如是否与企业现有的人力资源管理体系、绩效管理制度等相贴合；并且在该法的使用过程中，由于不同部门员工的水平可能参差不齐，所以也要根据不同部门的实际情况，制定相应的绩效评价等级，而非“一刀切”。

第10章

时间数据分析：充分利用好每一分钟

销售团队需要充分利用每一分钟，思考如何在有限的时间创造更多财富。本章将介绍通过数据对工作进行时间管理的5种方法，以供销售团队参考。

10.1 根据重要程度为工作排序，加强时间管理

ABC 优先法指的是按照重要程度，把需要完成的工作分为 A 、B 、C 三个种类，然后根据等级分类安排工作，如图 10–1 所示。管理人员在管理团队的时候，可以要求员工按照这个法则做好自己的工作。这个法则不仅可以帮助管理者更好地管理团队，还可以帮助员工更好地利用时间。

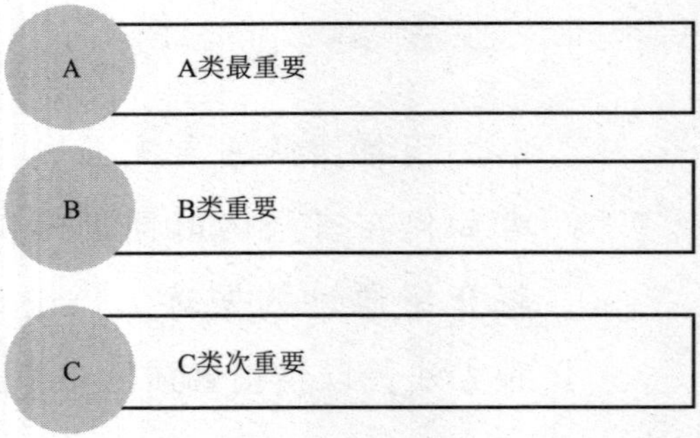

图 10–1 ABC 优先法则

团队管理人员在使用 ABC 优先法则的时候，可以按以下三个步骤进行：

第一步：把工作的类型划分出来

（1）A 类工作

通常情况下，A 类工作是可以对公司的效益、工作目标的达成产生重要

影响的工作，是员工必须完成的工作。例如，设计和研发产品、约见公司客户、市场调研等。

A类工作应该是需要立刻进行的工作，这类工作不能拖延一点时间。A类工作完成之后，一般会有非常明显的效果，对于这类工作来说，其关键就是让员工即时行动起来，抓紧时间完成。

（2）B类工作

通常情况下，B类工作是中等价值的工作，也是员工应该完成的工作，这个类别中的工作有利于提高员工和公司的业绩，但是并不能起到关键作用。

B类工作也是应该马上进行的工作，但并不会像A类工作那样紧急，可以稍微给员工一些缓冲的时间，但不能太长。如果给了缓冲时间，员工还是没有完成，就应该将其提升到A类工作中。

（3）C类工作

与工作目标的完成不太相关的工作，就可以看成是次重要的，应该将其分到C类工作中。通常情况下，C类是价值较低的工作，不会对公司造成严重的影响。有些可以延长期限的工作，也应该放在这个类别中。

第二步：适当增加类别

如果管理者觉得ABC这3个类别不能涵盖所有工作，还可以适当增加类别，也就是D类工作。

如果员工把这类工作做完固然是好的，做不完也没有什么关系。管理者和员工可以认为这类工作是不存在的，因为它们不会对公司造成任何不好的影响。

但是做这些D类工作也可能得到意料之外的收获。比如让员工去为自己买一杯咖啡，在这个过程中，员工结识了一个新朋友并成为公司的客户。

第三步：将分类细化

工作比较多的时候，将工作分为A、B、C三个级别是远远不够的，并且容易混乱。为了解决这一个问题，我们可以将 A、B、C 级再细化，比如把 C 级分为 C1、C2、C3 等，而按照顺序，C1 比 C2 重要，以此类推，事情也变得井然有序。

举个例子来说，比如员工今天要完成 8 个任务，其中有三项属于 B 事务，三项 B 事务根据重要程度可以分为 B1、B2、B3 三个级别，这样就可以首先完成重要的任务。倘若 A、C 两个级别中也有几项不同的事务，也可以根据它们的重要程度划分。

ABC 时间管理法可以让我们理清思路，剔除个人对每项事务的好恶，分析清楚每件事的重要程度再着手去做，能够大大提高员工的工作效率。

10.2 把部分工作交给下属完成，善用授权法则

工作中应该讲究分工，专业的员工就应该做专业的工作。作为团队管理者，我们不可能把所有的工作都揽在自己身上，所以在必要的时候，应该把工作分给自己的下属去做。这样的做法，在管理法则中有一个专有的名词——授权法则。

其实，授权法则不只在工作中可以看到，在生活和学习中也随处可见。

不过，一些团队管理者不愿意授权。其实对于管理者来说，把某些工作授权给下属员工完成，不仅能让自己得到解放，还可以留出一部分时间去完成某些更有价值的工作。公司领导一旦将授权法则应用到管理工作中，就会发现它真的是有益无害。

想要使用授权法则的管理者，不妨认真思考以下这些问题：哪个工作是最浪费时间和精力的？哪个工作是最枯燥无趣的？哪些工作的价值是最低的？

像上面这三种类型的工作，完全可以授权给自己的下属去做。

管理者如果想使用好授权法则，就应该提前做好规划，因为下属们需要一段时间学习、调整、适应。因此，管理者需要把授权规划提前放给自己的员工。

要想成为一位合格，甚至成功的管理者，就必须学会应用授权法则，最好的一种状态就是：管理者既要让优秀的员工完成一部分工作，又可以克制自己不去干涉他们的工作。

如果想要管理好员工，管理者就必须想办法激发他们的潜力，这就要求管理者与员工保持统一认识，不断地激励他们并适当地向他们授权，争取成为他们成功路上的保障。

对于一个管理者来说，员工的进步与自己能力的提高正向相关，只有员工不断进步，自己的管理能力才能不断得到提高。

一个成功的管理者并不会只充实自己，他还要充实自己的员工，这个目标的实现少不了授权法则的帮助。管理者授权能力的大小，在很大程度上决定员工的潜能可不可以得到充分发挥。如果一个管理者从来不授权给员工，那么能力强的员工就不能尽情施展才华。随着时间的推移，员工可能不再拼搏，或者去寻找那些可以让他们尽情发挥的公司了。

如果想要成为一名合格，甚至成功的管理者，就一定要懂得应用授权法则。因为这个法则在帮助员工提高能力的过程中，也会相应地提高管理者的能力，让自己和员工都变得越来越出色。

10.3 将任务层层分解，节省时间做高价值工作

拆分法又被称为任务分解法，这是一个非常重要的管理方法。对于任何

一位管理者来说，他都不可能把所有的工作放在自己的肩上，因为这实在是太过沉重的负担。所以，管理者通常都会把自己的工作分配给下属员工去做。在这种情况下，管理者就要学会如何使用拆分法合理地分配工作。

1. 拆分法的优点

有些管理者根本就不重视拆分法，他们觉得按照自己的想法就可以把所有的工作分配好。之所以会出现这样的情况，就是他们根本不了解拆分法的优点，它的优点主要体现在以下七个方面：

（1）避免遗漏项目中的某些重要工作。

（2）有利于提高管理者对工作的重视程度。

（3）帮助管理者厘清职责。

（4）有利于管理者估计工作量，更好地为下属分配工作。

（5）在对员工进行绩效考核的时候，可以为管理者提供一个基准。

（6）可以帮助管理者分清每位下属的工作责任。

（7）减轻管理者的工作压力，可以让管理者有时间去做更加重要的事情。

2. 拆分工作的原则

拆分法有很多优点，不过，应用好拆分法并不是非常容易的。管理者们首先需要了解拆分工作的原则，主要有四个方面：

第一，在分配的时候，一个工作只能在工作分配结构中出现一次，而且每一项工作都只能分配一个下属完成，就算这项工作比较麻烦，需要多名下属一起做，也仍然要遵循这样的原则。

第二，工作分配结构与实际工作过程必须是一致的，它应服务于整个工作过程。为了保持它们的一致性，管理者应该要求所有的员工都参与到制定分配结构的工作中。

第三，为了充分了解每位下属的工作内容和工作范围，管理者应该把每项工作以及对应的下属都记录下来。需要注意的是，工作分配结构不可以太死板，而是要有一定的灵活性，以应对某些无法预估的突发事件。

第四，在分配工作的时候，管理者应该记住 80 小时法则、两周法则，也就是说，完成一项工作的时间应该少于 80 小时，而且通常情况下，分配结构应该是 5 层以下的。如果工作时长超过 80 小时、分配结构超过 5 层，那么管理者就应该把这项工作外包。

3. 拆分工作的流程

管理者在使用拆分法的时候，应该严格按照流程进行，如图 10-2 所示：

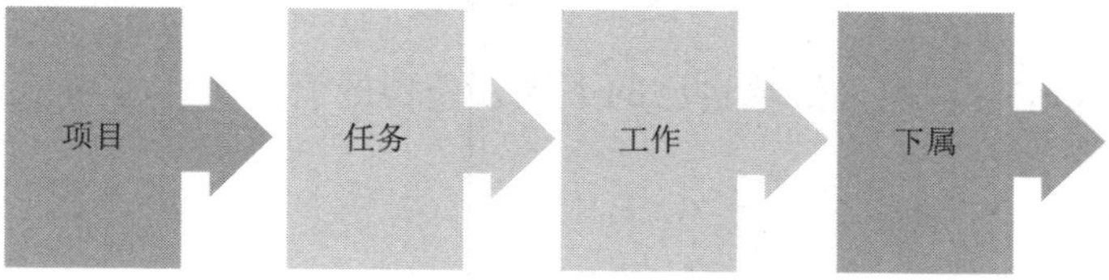

图 10-2　拆分流程

也就是说，管理者应该先把项目拆分为任务，然后再将任务拆分为工作，最后把工作拆分到每位下属身上，一直拆分到不能再拆分为止。一些不了解拆分法的管理者，他们不知道怎么样才是不能再拆分了，把握不好这个度。

其实，要解决这个问题，管理者只需要考虑以下六个方面，就可以判断工作是不是已经完全被拆分了：① 每项工作的负责员工有没有多于一个？② 项目中是不是还有多项任务和工作没有拆分？③ 各项任务和工作的具体内容是不是具有一定依赖性？④ 每项工作之间是不是有较为明显的时间间隔？⑤ 是不是把工作拆分到每一位员工身上？⑥ 工作分配结构与实际工作过程是不是一致的？

4. 拆分工作的标准

除此之外，有些管理者还不知道应该按照什么标准拆分工作。确实，如果掌握不好这个标准，拆分出来的工作就会不合理，下属做起来也会更加困难，好在有许多种拆分方式可以供管理者选择，具体包括：

（1）按照任务的难易程度拆分；

（2）按照执行工作的区域进行拆分；

（3）按照部门拆分；

（4）按照工作的性质拆分；

（5）按照职能拆分；

（6）按照下属的专业和熟悉领域进行拆分；

（7）按照工作的重要程度进行拆分。

对于管理者来说，学会拆分法是非常必要的，只有将工作拆分得非常细化，才能把工作合理地分配给自己的下属，公司的管理工作才可以正常运行。

10.4　建立小组，各自负责专项工作

公司中的分组法是将团队中的员工分成若干个小组，让不同小组完成不同的工作，这个方法在公司的管理工作中是特别常见的，这是因为分组法具有很多优势，主要体现在以下六个方面：

（1）让员工参与到管理工作中，增强他们的主人翁意识。

（2）让整个团队更加团结，集合多方的力量进行工作，效率就会比较高。

（3）每位员工的性格、特点、专长都是不同的。比如，有的员工能说会道；有的员工勤劳肯干，不善言辞；有的员工活泼机灵；有的员工安静沉稳等。根据员工的具体特点将他们分成不同的小组，可以让他们充分发挥自身优势。比如形象好、气质佳的员工分在一个小组中，让他们负责前台、接待

客户等工作；能说会道的员工分在一个小组中，让他们负责销售、市场调研等工作。这样就可以让他们在合适的岗位上充分发挥自己最大的能力。

（4）为员工创造更多的晋升机会和发展空间。如果员工没有分组，那么管理者最多有 2 ～ 3 个；而如果把员工分成多个小组，那么每个小组都可以有 2 ～ 3 个管理者。这样一来，就有更多的员工可以获得成为管理者的机会。

（5）将员工细分为多个小组，其实也是对任务和工作的细分，这样不仅可以缓解管理者的工作压力，也可以让工作更加有条理。

（6）使用分组法可以考验员工的工作能力和技能，而且还能够从各个小组中选拔出一批有管理能力的优秀员工。

分组法在使用的时候是比较容易的，管理者应该首先了解所有员工的情况，然后根据每位员工的具体情况将他们分成若干个小组，再分配不同类型的工作。不过需要注意的是，要把握好各个小组中的人数，通常情况下，如果公司规模较大、员工较多，可以将 10 ～ 20 名员工分成一个小组；如果公司规模较小、员工较少，可以将 5 ～ 10 人分成一个小组。

10.5 处于不同阶段的团队，要有不同的管理重心

我们的人生是有很多阶段的，儿童阶段、青年阶段、老年阶段等，每个阶段所面临的情况都是不同的。团队和人生阶段一样，也会随着时间的推移，走入各个不同的阶段。在这种情况下，管理者就需要掌握好阶段法，根据不同阶段的具体情况进行不同的管理。

一般情况下，团队在发展过程中要经历以下五个阶段，如图 10–3 所示：

图 10-3　团队发展过程中的五个阶段

第一个阶段：组建阶段

对于这个阶段的员工来说，他们通常有以下三个方面的特征：

特征一：既紧张又兴奋，对自己的未来有一个比较高的期望。

特征二：定位模糊，对工作环境和领导怀着一种试探的心态。

特征三：安全感较低，有时会处于焦虑、疑惑的状态中。

针对上述员工特征，管理者就应该采取相对应的管理策略，主要包括以下几点：

（1）先组建团队的框架，而且还要加强与外界的联系。

（2）找到可以让团队成功度过组建阶段的方法。

（3）向下属表达你对整个团队的希望。

（4）经常向下属讲述公司的远景。

（5）明确整个团队的努力方向和工作方式。

（6）向下属提供他们需要的资料和信息。

（7）帮助团队中的员工们互相熟悉起来。

（8）用命令型的风格管理团队。

（9）多给团队下命令，要适当少一些支持。

（10）由管理者做重大决定。

（11）团队的监督次数不能太少，要频繁一些。

第二个阶段：激荡阶段

对于这个阶段的员工来说，他们通常有以下五个方面的特征：

特征一：开始有业绩高低的思想。

特征二：实际情况与先前的期望脱节，自身问题开始显现。

特征三：开始出现挫折感，担心自己的工作不能做好，目标不能完成。

特征四：团队员工之间的关系待调整。

特征五：工作中出现问题时，管理者首当其冲。

针对上述员工特征，管理者就应该采取相对应的管理策略，主要包括：

（1）最重要的是要安抚员工，帮助员工调节心情、调整心态。

（2）分析并解决员工之间的矛盾。

（3）学会分散权力。

（4）有不同意见时，鼓励员工充分表达自己的意见和建议。

（5）以身作则，为团队中的员工树立榜样。

（6）转变自己的角色，让员工加入决策工作中。

（7）应该用教练型风格管理团队。

（8）既要多给团队下命令，又要多支持。

（9）在做重大决定的时候，要先征求员工们的意见。

（10）多和自己的下属沟通、交流。

（11）团队的监督次数还是不能太少，要频繁一些。

第三个阶段：规范阶段

对于这个阶段的员工来说，他们通常有以下七个方面的特征：

特征一：团队关系渐趋缓和，开始走向合作。

特征二：沟通的效果显现出来，团队关怀增多。

特征三：团队中的合作越来越多，而且形成了一些特定的规则。

特征四：开始关注其他员工和管理者的贡献。

特征五：工作能力稳步提高，认识到与其他员工之间的差距。

特征六：员工的工作方式、工作特色、工作风格逐渐形成。

特征七：愿意学习其他员工的工作经验。

这个阶段是形成团队文化的绝佳时期，管理者千万不要因为担心引起下属的不满而错失这个机会。

在这个阶段中，管理者应该用指导型的风格管理团队，少给团队下命令，而是给予更多支持，还要多关注下属的想法，并在决定中体现出来，监督的频率也要适当降低。

第四个阶段：执行阶段

对于这个阶段的员工来说，他们通常有以下六个方面的特征：

特征一：自信心增加，掌握了多种工作技巧，可以团结起来处理各种疑难问题。

特征二：工作流程已经标准化，员工间的沟通增多、矛盾减少。

特征三：在团队中，员工可以随意发表自己的见解，提出建设性意见。

特征四：团队中的员工可以共同分享管理权。

特征五：在完成工作以后，员工们会有非常强烈的荣誉感和成就感，团队意识增强。

特征六：员工们会进行自我约束和管理。

针对上述员工特征，管理者就应该采取相对应的管理策略，主要包括：

（1）根据具体的情况，及时调整工作流程和工作方式。

（2）要把自己看作团队中的员工，而不是管理者。

（3）用承诺代替管制，这样才可以有一个更好的结果。

（4）提高工作目标，一定要具有挑战性。

（5）把控整个工作流程，要看到员工们的贡献，做好激励工作。

（6）应该用授权型的风格管理团队。

（7）既要少给团队下命令，又不能多支持。

（8）监督的频率应该降低。

第五个阶段：休整阶段

当团队发展到这个阶段的时候，员工们已经掌握了一套高效的工作方法，相互之间的矛盾也得到了妥善的解决，感情更加深厚。管理者只需要做好指导、辅助的工作就可以，不过，也要时刻提防团队中出现员工过度自信、过度优越而影响工作的情况。

在阶段法当中，最重要的就是要看清楚团队的发展阶段，管理者只要把阶段认清，就可以根据不同阶段的员工特征开展管理工作。

第11章

行程数据分析：随时随地掌握工作进度

数据作为生产资料的一种，被广泛应用于我们的日常生活，它对于销售团队管理者而言更是随时掌握工作进度的优质工具。本章将从新增客户询盘量、客户邀约量、客户转化量、老客户推荐量、成交业绩五项数据出发，探讨形成数据分析的重要性。

11.1 关注自我感觉良好的员工，加强行程监督

对于一个销售团队来说，大部分销售人员都停留在自我感觉良好的状态，而如果让他们一直自我感觉良好，就会对销售团队的整体发展产生非常不好的影响。

去年 3 月，王先生的个人销售业绩达到 60 万元，成为公司当月的销售冠军，这件事对他影响很大，他觉得自己销售能力很强，没有自己搞不定的客户。

此后的几个月王先生的销售业绩一直都比较低，许多客户也不再跟进。销售主管带着他去其他的分公司学习，希望他能够有所改变。

在这次学习中，王先生获得了两方面的数据：一是用客户跟进数据研究结果；二是年度销售冠军并不都是在月度销售冠军中产生的。

客户跟进数据的研究是由研究机构统计报告的，统计数据显示：

2% 的销售是在第一次接洽后完成；

3% 的销售是在第一次跟踪后完成；

5% 的销售是在第二次跟踪后完成；

10% 的销售是在第三次跟踪后完成；

80% 的销售是在第 4 至 11 次跟踪后完成！

形成鲜明对比的是，在我们日常工作中：80% 的销售人员在跟踪一次后，

不再进行第二次、第三次跟踪；很少的销售人员会坚持到第四次跟踪。

王先生公司内部有最近五年的年度销售冠军每月的业绩分析，分析发现年度销售冠军每月的销售业绩都比较稳定，不会出现某一个月业绩特别低的情况。类似王先生这样的销售人员其实有很多，如果每个月的业绩不稳定，想要做年度销售冠军很难。

管理者要想改变这样的情况，可以从以下四个方面着手，如图 11-1 所示：

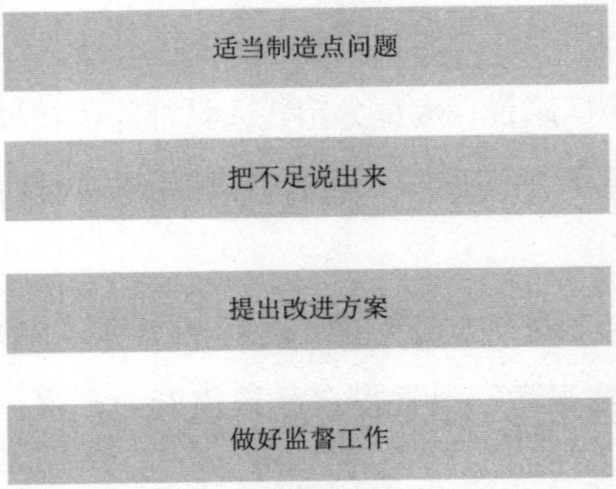

图 11-1　自我感觉良好型员工的管理方法

1. 适当制造点问题

如果销售人员一直自我感觉良好，销售主管可以故意给他们制造点问题。例如，让不同的销售小组进行比赛或同一小组比赛等。

2. 把不足说出来

销售人员在工作过程中，仅从行程数据方面就能发现大量不足，这时销售主管需要直接将不足说出来。

3. 提出改进方案

改进方案要详细，还要有可行性。

4. 做好监督工作

改进方案制定后，要经常监督。

11.2 找出榜样人物，充分发挥领头人的力量

如果一个团队中没有参照物，员工们就会出现迷茫等情况，这种情况如果持续时间长，整个团队就会面临岌岌可危的局面。因此，作为管理者，必须防止这种现象的发生，可以为团队找到一个合适的参照物，发挥榜样的力量。

实际上，团队中的参照物就是团队中的榜样人物，他们的力量非常大，这种力量在管理团队的过程中也可以发挥出来。例如，管理者选出一个员工作为团队的榜样，又或者拿出一件典型事例作为榜样，让榜样成为参照，以此激发员工的工作热情和积极性，促进团队的成长进步。

管理者选出来的参照员工的能力都是比较强的，领导也会比较偏爱他们，久而久之，某些员工可能就会感觉不公平。

那么，管理者最好的办法就是从参照员工着手，也就是所谓的“解铃还须系铃人”。我们需要让员工深刻地意识到自己与参照员工之间存在工作效率、学习能力、工作质量、工作态度等方面的差距，简单来说，就是要让员工清楚地知道自己是有所欠缺的。

由此看来，管理者在选择参照员工的时候一定要谨慎，要考虑多方面的因素。在选出参照员工以后，管理者最好向员工们解释清楚为什么要选择这位员工，这位员工的优点是什么，这位员工身上有什么值得学习的地方等。如此一来，其余的员工就会自动地与参照员工做对比，找出自己不足的地方并加以改进。

11.3 漏斗原理帮助领导管理工作进度

在销售团队的管理中，漏斗原理是一个非常重要的工具，它在控制销售过程方面发挥着极大的作用，主要包括以下六点：

（1）分析每个员工、每个地区的销售情况，管理者可以时刻掌握销售进程。

（2）帮助管理者对未来的销售情况做出比较精准的预测。

（3）了解每个员工、每个地区的客户情况，便于管理者对客户资料的管理，防止因为销售员工的离职引起客户流失。

（4）便于对员工进行多维度的考核。例如，既可以考核员工的产品销售量，又能考核他们在留住老客户、捕捉销售机会、找到新客户、销售速度等方面的能力。

（5）有利于管理者更好地督促和管理自己的员工。

（6）有利于分析整个行业的销售形势，制定合理的销售方案，然后再根据方案公平地为每位员工分配工作。

对于销售工作来说，让潜在客户成为正式客户的过程不是一蹴而就的，更像爬楼那样，一个阶梯一个阶梯地进行，努力过后才可以顺利登顶，成功签约一个客户。

如果管理者想要管理好员工的工作过程，首先要做到就是掌握每一天每一位员工做的每一项工作。例如，有一家公司做的是非常出色的，他们将漏斗原理应用到过程管理的工作中，取得了非常不错的效果。

他们将漏斗分为三层，最上面一层是每一天、中间一层是每一位员工、最下面一层是每一项工作。该公司把漏斗应用到驻外销售人员身上，因为他们的工作地点离公司总部太远，管理比较困难。

该公司设置了 5 名管理人员管理员工们的销售全过程。每天早上 9 点钟，这 5 名管理者必须联系他们管理的销售员工，检查他们的工作情况，看看他们有没有准时到达工作店铺，开始一天的销售工作。

每天下午6点，销售员工还要主动与这5名管理者取得联系，向他们汇报每天的销售情况和工作过程，具体包括：去过哪些地方、拜访过哪些客户、与客户交流了哪些问题、解决了哪些问题，还有哪些问题没有解决、公司需要提供哪些方面的帮助、拜访客户的信息（姓名、年龄、喜好、联系方式）、接下来的工作计划等。

在获得这些资料以后，管理者要将这些资料整理好，记录在每个员工的工作日报中。这5名管理者还要进行不定期的抽查，以确保工作资料的真实性。销售员工也需要每天填写工作日报。驻外销售员工要求报销的时候，管理者要根据工作日报上的内容进行判断。

该公司采用对驻外销售员工进行全过程管理，起到了显著效果，主要体现在以下五个方面：

第一，漏斗让每位驻外销售员工的工作都在管理者的控制之下，改善了以前那种“将在外，君命有所不受”的情况，让二者之间的联系不断加强。

第二，有些销售员工稍微取得一点成就之后，就很难再提高销售业绩了，这是由于惰性导致的。采用漏斗可以让他们每时每刻都能感到工作压力，一旦将这种压力变为动力，就可以克服自己的惰性，帮助他们提高销售业绩。

第三，漏斗要求销售人员填写工作日报，在这个过程中，他们可以反省自己，找出自己的不足，再总结出一些销售经验，从而大幅度提高自己的工作能力。

第四，通过漏斗，管理者可以了解销售员工的销售情况和工作过程，这样就可以在他们需要帮助的时候，及时向他们伸出援手，给他们最大的支持。

第五，管理者通过分析工作日报，可以掌握销售市场的具体情况，也就可以及时调整销售策略和销售方案。

对于管理者来说，管理驻外员工是最困难的一件事情了，因为与他们只能靠电话、网络的形式保持联系。在这种情况下，更应该对他们的工作过程进行严格的管理。

11.4 行程数据分析之新增客户询盘量

如今的时代已不再是一个只注重销售结果的时代，还要注重管理分析销售人员的行程。比如一些销售人员只注重完成销售任务，却是通过压货达到的。现代营销观念认为营销管理重在行程，对于一个销售人员来说，好的行程，一定会有好的结果；一个不好的行程也一定会导致一个不好的结果。这说明销售主管管理员工行程的重要性。行程管理的前提就是销售主管收集员工的行程数据，然后进行分析。

销售行程管理指的是对销售过程进行了解与追踪，了解每个员工日常销售工作的动态、进度，通过分析员工的行程数据发现销售活动中所出现的异常现象及问题，并予以解决。也就是说，销售行程管理的主要目的就是重视目标与实际销售业绩之间的关系，通过对销售过程的追踪与监控，确保销售目标的实现。销售行程数据主要包括新增客户询盘量，客户邀约量、客户转代量、老客户推荐量和成交业绩。

询盘也就是我们通常所说的咨询，是指准备交易的双方，购买某种商品的人向销售员或出售某种商品的人向顾客咨询该商品的成交条件或交易的可能性的业务行为。客户询盘量是影响销售业绩的一个重要因素，通常情况下，新增客户询盘量越大，交易成交的可能性也越大。因为一个客户既然咨询这个产品，就说明他想要了解这个产品，就是潜在的客户。一般新增客户询盘量有三个影响数据因素，我们以淘宝店的数据进行说明。

曝光量：就是客户看到我们产品的次数。客户只有看到我们的产品才会向我们进行咨询，我们在淘宝上买东西的时候会看到各种各样商品的图片，想要被看到，产品的排名就要靠前。

点击量：客户点击我们产品的次数。

反馈量：客户在浏览完产品后会点击发询盘的次数。

如果是传统的线下门店销售方式，在询盘量方面我们需要主动识别或询问客户的渠道来源，对渠道来源数据进行分析后，后期的推广过程才能有所侧重。

11.5 行程数据分析之客户邀约量

客户邀约量对于销售员来说，邀约的成功量影响销售员最终能否签单，只有做好邀约的基础工作，才能为销售员提供更多的当面沟通和争取客户的机会。邀约工作成为评价销售员专业与否的一个重要指标，怎样提高邀约的成功率成为摆在很多销售员面前的最大问题。客户邀约通常有电话、短信、电子邮件等方式，我们以最常见的电话邀约为例来说明如何提高客户邀约量，具体建议如下：

（1）要学会掌握主动权。

（2）掌握一套自己非常熟悉的交谈模式。

（3）要对自己的产品 / 服务有透彻的认识。

（4）要学会提问。

（5）学会控制通话的时间。

（6）学会跟客户预约时间。

11.6 行程数据分析之客户转化量

无论是新增客户询盘量还是客户邀约量，都是指潜在客户，并不等同于客户，客户转化量才能代表真正客户的数量。客户转化的定义就是将潜在客户转化为精准客户、成交客户，所以客户转化量就是精准客户与潜在客户的比率。

据统计，通常大多数消费者在选择产品的时候，成交之前想要的产品往往与成交时的产品是不同的，这就是我们熟悉的二八法则。把我们的客户群体按百分之百计算，可能我们销售额总量的 80% 仅仅来源于客户群体中 20% 的消费者，所以如果我们对客户的定位不精准，且让客户体验不佳，就会导致大量客户的流失，客户转化量就会降低。

提高客户转化量的方法就是做到客户至上。随着经济和科学技术的发展，客户在消费时会面对各种各样的产品，他们必然会进行选择性购买。我们的销售不再是以产品为主，更多的是以客户为中心，要在成交之前，努力满足客户需求，让客户有好的体验，例如提供舒适环境等；成交之后，要积极做好售后服务工作，及时做好客户维护、客户反馈工作，让客户再次购买时能够更快、更直接成交。

11.7 行程数据分析之老客户推荐量

有些销售员的销售业绩高，不是因为开发新客户的能力强，而是维护老客户的工作做得好。

根据调查显示，开发一个新客户的成本是维护一个老客户的 3 ~ 10 倍，老客户的转介绍率对销售团队的业绩提升具有非常重要的作用。因为口碑的宣传力量，老客户往往会给销售团队带来连锁的反应与成倍的利润增加。

每一位老客户其实都是销售团队要挖掘的金矿，因为老客户的信用推荐，不仅可以帮助销售团队节省时间与成本，更能影响新客户的决策。我们可以通过 A 团队的故事，体会一些老客户的重要性。

A 团队是 H 产品行业中的佼佼者，在最近的 5 年中，这个团队以零售的方式共销售了 15 000 件 H 产品，其中连续 3 年平均售出 3 500 件 H 产品。在当地，A 团队所创造的 H 产品销售纪录至今无人能破。

A 团队始终相信卖给顾客的第一件产品代表着长期合作关系的开端，如果与顾客的交易不能为以后带来生意，A 团队成员会认为自己是失败的。A 团队有 60% 的交易来自老客户的再度购买，又有 50% 的新客户是由老客户推荐过来的。A 团队成功的关键就在于为老顾客提供足够的高质量服务，让老顾客一次又一次地向 A 团队成员购买 H 产品。

由此可见，成功的营销团队是把留住老客户当作头等大事来对待的，留住老客户甚至比开发新客户更重要。调查显示，留住老客户比只注重新客户的开发对团队的销售贡献要大得多。

相比较起来，同样是推销 H 产品的 B 团队，曾经也是这个行业的领先团队。但是后来 B 团队的领导者认为，老客户没有太大的推销价值，便转换推销策略，注重新客户的开发，在老客户购买产品出现问题时，他们也不重视售后服务，导致口碑越来越差，最后成为一个默默无闻的小团队。

11.8　行程数据分析之成交业绩

某销售团队某年的销售业绩较上一年下滑了 100 万元，该团队的领导通过对以上几个方面数据的分析，最后发现是客户邀约量数据和老客户推荐量数据发生了变化。于是该团队负责人根据数据找出数据下滑的原因，并做出整改。整改后，该销售团队的销售业绩增加了 150 万元。成交业绩也就是我们常说的销售额，是销售活动的最终结果。成交业绩是销售主管对销售员工进行绩效考核的依据，也是销售员工能力的体现。

销售人员的行程分析就是由以上 5 个数据组成，销售主管在进行行程分析的时候应该认真比对、分析，找出销售中存在的问题，帮助员工解决问题，提高销售能力。

第12章

会议数据分析：深入了解团队发展动向

会议能够帮助销售团队思考过去工作的不足以及未来工作的重点，帮助销售团队管理者深入了解团队发展动向。会议根据时间因素可分为晨会、夕会；根据频率因素可分为周例会、月例会。这些会议的作用各不相同，本章将详解销售团队管理者如何利用数据赋能销售额实现更高增长。

12.1 召开晨会，明确当日工作量

俗话说，一日之计在于晨，在这一宝贵的时间中，有些销售团队会召开晨会部署一些当日的工作。虽然一些团队有召开晨会的制度，但是还是会存在一些问题，那就是晨会流于形式。

一些销售团队的管理者可能没有真正发挥晨会的作用，只是停留在单向沟通的层面上，没有和员工进行双向的交流，或者只是简单地安排当天的工作，而没有提出对工作的明确要求，又或是把晨会变成了员工的签到点名会。总之，这些都显示出晨会的形式比较随意，甚至只是一种形式。

究其原因，可能有以下三点：

（1）有些团队虽然召开晨会，但没有对晨会的形式、内容等作一个统一的要求和标准；

（2）有些团队的晨会缺乏双向性，仅仅只有责任主管一人之言，缺少和员工的沟通交流，久而久之，员工就会失去积极性，从而影响工作；

（3）有些团队虽然意识到晨会的重要性，却没有抓住召开晨会的核心目的。

由此可见，团队必须针对自身的情况，制定一个可行的晨会管理制度，而且在晨会上，要多鼓舞团队员工，而非批评或处罚员工。因为一个人在一天的起始，拥有一个良好的心态将会对一天的工作有很大的帮助，而一个坏

心情将不可避免地对员工一天的工作产生不良影响。所以在晨会上，应该把激励员工作为一日的开始，调动员工积极的工作情绪。

开晨会时，团队管理者最重要的是要明确当日的必做工作量。在正式开始工作之前，提前制订一个任务完成计划是非常关键的，因为计划可以让员工有一个努力的目标，而不至于漫无目的地过完这一天。

适当地制定一个明确的工作完成要求，可以促进员工的工作进度，即将一定的工作压力转化为工作动力。而且明确当日的必做工作量，不仅有利于促使员工积极工作，对加快销售团队任务进度也是非常有帮助的。

关于晨会，我们必须清楚其是为了什么目的而召开的。晨会的目的主要有两个：一是为了激励员工，让员工可以保持一种良好的工作状态去迎接工作和客户；二是为了部署当日的工作重点，明确当日的必做工作量，确保团队每个员工都知悉，以便提高员工的工作积极性。

12.2 召开夕会，检验和评估当日工作量

既然有晨会制度，那么相对应的，还有夕会这一制度。

显而易见，夕会就是在结束一天的工作后，销售团队召开的一个工作会议。

晨会主要是部署工作，明确当日必做的工作量；夕会则是检验当日的工作量，以及反馈当日工作中发现的问题。

员工在一天的工作中，可能顺利地完成交托的任务，但是有些时候也会不可避免地遇到一些问题，这些问题可能并不会对所负责的工作产生很大的

影响，但是既然有问题出现，就说明工作中的某个环节必定存在一些差错，而且就算当时不影响，也不能保证对其日后的工作不会产生影响。

所以，从这点来说，召开夕会的必要性就体现出来了。在夕会上，销售团队负责人除了要检验员工当日完成的工作量是否达到晨会上所要求的当日必做工作量，还应该听取员工在当日工作过程中发现和遇到的问题，即接收员工的问题反馈。

员工完成必做工作量是基本要求，而将问题反馈给上级，明确问题出现后的下一步做法也是必须的。把遇到的问题反映出来，让团队以及上级知道问题所在，大家共同应对、解决问题，如果能够这样做，那么团队不管是完成进度，还是完成质量，都会得到有效提升。

可以说，销售团队召开夕会的目的就是为了检验员工当日的工作完成情况，对工作中出现的问题做一个反馈总结，以便下一次再遇到相同或类似的问题时，大家能够掌握相对应的处理办法，避免手足无措。

而且，夕会上的工作量检验有利于团队建立一种目标承诺兑现的文化氛围，在夕会上的问题反馈总结，则让团队员工能互相学习经验教训，增强团队间的沟通交流。

12.3 下属填写日志表，供领导审核

所谓拜访日志，顾名思义，就是将进行过的客户拜访做一个记录，性质类似于工作日志，将这些记录以表格的形式呈现出来，就是所谓的拜访日志表，表 12-1 为一个拜访日志表的范例：

表 12-1　拜访日志表范例

<table>
<tr><td colspan="6">姓名：　　　　　　　　所属团队：　　　　　　　　年　月　日（星期　）</td></tr>
<tr><td>晨会内容</td><td colspan="5"></td></tr>
<tr><td rowspan="2">当日工作内容</td><td>上午</td><td></td><td></td><td></td><td></td></tr>
<tr><td>下午</td><td></td><td></td><td></td><td></td></tr>
<tr><td rowspan="6">当日拜访记录</td><td>客户姓名</td><td>联系电话</td><td>拜访地址</td><td>业务类别</td><td>拜访结果</td></tr>
<tr><td></td><td></td><td></td><td></td><td></td></tr>
<tr><td></td><td></td><td></td><td></td><td></td></tr>
<tr><td></td><td></td><td></td><td></td><td></td></tr>
<tr><td></td><td></td><td></td><td></td><td></td></tr>
<tr><td></td><td></td><td></td><td></td><td></td></tr>
<tr><td>当日拜访结果总结</td><td colspan="5"></td></tr>
</table>

从上表中，我们可以看到表中出现了一系列和拜访相关的内容，比如拜访客户的姓名、联系电话以及拜访地址（如客户的单位所在地）等。除此之外，该拜访日志表还加入了晨会内容和当日需要完成的工作内容，因此，我们可以很明显地知道这是一个针对一天的拜访记录所作的日志表。

上面这张表只是拜访日志表的其中一种类型，不同行业的团队，针对自身不同的业务要求，会有不同填写内容的拜访日志表。比如销售拜访主要可以分为预约拜访、陌生拜访、电话拜访这三种。

预约拜访，就是通过以礼貌预约的方式与客户约定拜访，进行产品销售的拓展。

陌生拜访，就是通过登门拜访陌生企业的方式挖掘销售团队的潜在客户。

电话拜访，就是通过打电话的方式与客户进行沟通拜访。

根据拜访类型的不同，拜访日志表的内容填写也要做相对应设置，比如标注该次拜访采用的是何种形式，是预约拜访、陌生拜访，还是电话拜访等。

但是不管是何种拜访类型，拜访日志表都需要填写拜访者与被拜访者的姓名、拜访的时间、被拜访者的联系电话以及拜访的结果，这些是拜访日志表的关键内容，若是拜访日志表没有这些内容，那么该拜访日志表也就没有填写的意义。

需要注意的是，在填写拜访日志表的时候，一定要保证拜访信息的准确无误、清晰明了，不要写任何有歧义的信息。一张有效的拜访日志表应该能够反映该员工的拜访任务完成情况以及获取的客户信息。这种填写拜访日志表的方式，既可以将员工的拜访工作情况以表格的形式简洁清楚地呈现出来，又可以培养员工在工作完成后做记录的良好习惯。

12.4 召开周例会，选择正确的时间点

召开周例会是管理销售团队的一个方法，它具有总结计划、过程监控等作用，对销售团队负责人进行管理工作是不可或缺的，它的召开，是增加销售团队每周业务量的一个重要方法。

但是，一些销售团队的周例会却开得很糟糕，比如有些周例会几乎全由领导发表讲话，极少听取员工的工作意见与建议；有些周例会属于流水账式，即由会议主持人宣布会议开始后，每个人按照既定的顺序发表讲话，全部讲完后，会议就结束了；还有些则是聊天式，大家随意说一通，到会议结束的时间，就各自散去，缺乏会议的组织性。

依据销售团队周例会的重要性，不管是员工还是管理者，都必须认真对

待周例会。怎样才能将周例会开好，是一个销售团队全员都要重视的问题。

召开一个会议，其时间点的选择是十分关键的。在一个恰当的时间召开会议，有利于提高会议效果，周例会也不例外。

就周例会的时间点选择而言，最好是每周工作日开始或工作日结束的当天。因为在一周的起始日召开会议，可以对刚结束周末休假状态的员工进行工作积极性的调动，让大家调整好这一周的工作状态；并且在起始日销售主管可以总结上一周的工作情况，以及布置这一周需要完成的工作，让员工有一个充分的准备。同样的，如果周例会在工作日结束的那天召开，销售主管可以对这一周的工作情况做一个反馈总结，以及计划下一周新的工作任务。

当然，除了时间点选择，一天当中应该把周例会安排在什么时间段也是有讲究的，需要注意的是，会议的安排要尽量避开用餐或即将用餐的时间。

因为经过一个上午的工作，员工正饥肠辘辘，如果在用餐时间段召开周例会，员工不仅无心开会，甚至还有可能缺席。这样的时间段选择召开会议会导致效率低下，参加率降低，达不到预期的效果，周例会的召开也就失去了意义。

12.5 对周工作量与周业绩进行环比考核

1. 周工作量环比考核类

所谓环比，就是将本期的统计数据与上期的统计数据相比较，比如将 2021 年 10 月份的统计数据与 2021 年 9 月份的统计数据相比较，这就叫环比。

而本节要谈的周工作量环比考核，就是指将销售团队员工本周的工作量与上周的工作量以数据统计的形式进行比较，从而对员工的工作完成量做出考核评价。

在周例会上，销售主管要对员工的周工作量进行环比考核，这是对员工连续两周的工作量做出的评价。对员工进行有效的环比考核，有利于提升员工工作任务完成的质量与速度。

只有将工作完成量以具体的数据形式呈现出来，员工才会比较容易产生工作实感。将工作量转化为直观数据，员工能更加清楚地了解到自己这两周的工作量完成情况，可以间接推动销售团队每周业务量的增长。

周工作量包含两个方面：其一为环比增长率，反映本期比上期增长了多少，放在周工作量的计算中，就是指本周的工作量比上周增长了多少；其二为环比发展速度，一般是指报告期水平与前一时期（相邻两个时期）的水平进行对比所得到的动态相对数，是用来表明现象逐期的发展变动程度的，放在周工作量的计算中，可以理解为连续两周的工作量增长或下降程度。

销售团队通过对员工的周工作量进行环比考核，可以让员工反思自己在近阶段的工作表现。若是考核数据的结果呈现增长的趋势，就说明该员工近阶段的工作状态良好，应该继续保持；若是呈现下降趋势，则说明该员工近阶段的工作效率有些低下，需要调整工作状态，继续努力，以便在下一个周工作量环比考核中得到提高和改善。

2. 周业绩环比考核

与周工作量环比考核类似，周业绩环比考核就是指将销售团队员工本周的工作业绩与上周的工作业绩以数据统计的形式进行比较，从而对员工的工作业绩做出考核评价。

销售团队在对员工的周业绩做环比考核的时候，可以考虑鼓励团队员工之间的良性竞争，从而提高员工的工作效率，并且还能综合反应市场的变化。

由于有准确的数据做依靠，能够保证员工周业绩环比考核的公平公正性。如此一来，员工对周业绩的考核结果也会比较信服，考核优秀者继续保持，考核结果不理想的员工也可以在下一周继续努力。

以“周”为一个时间节点，对销售团队员工做周业绩环比考核，以最终的业绩数据激励员工，有利于员工产生一种竞争心理，为下一周的业绩目标奋斗努力。

需要注意的是，虽然进行业绩的环比考核是必要的，但不能只调动员工的竞争心态，还要注重对员工进行团队合作理念的指导，让员工在一个良性竞争的环境下，不断达成每周的业绩目标。

12.6　总结周要点，分析当周工作完成情况

周例会的要点总结十分重要，周要点总结是对销售团队这一周工作完成情况的一个结果表达。需要注意的是，做周要点总结的时候，一定要学会用数据表示，即将相关的工作情况用数据的形式展现出来。

由于数据简洁又具有直观性，所以用这种形式对周工作进行总结，既清晰明了，又能体现总结者的工作能力。而为了契合数据这种形式，采用表格书写的方式将会比单纯写一篇文章做周要点总结更为适合，因为表格更有利于数据的读取与计算。周要点总结表范例表见表 12–2。

用表格的方式总结周要点，要注意内容填写的简洁、清晰以及重点突出，尤其要保证数据表达的准确性。如果考虑纸质版表格不易保存，那么以电子文档形式总结周要点也是一种可行的方式，两者在本质上是相同的，只是呈现的形式与保存方式不同。

表 12–2　周要点总结表范例

<table>
<tr><td colspan="2">部门：　　　组：　　　姓名：　　　职位：　　　日期：</td></tr>
<tr><td rowspan="3">本周工作总结
（1. 只写目标完成的结果，不描写具体过程；
2. 用数据表示，一定要写出完成的百分比和绝对数值。例如：上周完成 ×× 项目，完成计划的 80%；
3. 无论结果是成功或者失败都需要总结，不要避重就轻；
4. 写出重要的日常工作。）</td><td>目标完成情况：</td></tr>
<tr><td>目标达成与否的原因分析：</td></tr>
<tr><td>工作表现自评：</td></tr>
<tr><td>下周工作计划</td><td>主要工作事项：</td></tr>
</table>

对比长篇大论式的总结方式，表格式表达管理者更容易接受与阅读。对于员工而言，不管是电子版、纸质版表格还是用 PPT 进行总结周要点，都是十分有效的方式。

12.7　召开月例会，复盘每周业绩情况图

如果说，销售团队召开周例会是增加每周业务量的重要方法，那么月例会的召开，则是销售量翻倍的引擎。在月例会上，销售团队负责人应该对员

工的每周业绩情况进行一个图表分析，对员工的月工作量做一个数据分析，还应该针对员工工作的优良情况兑现奖励措施，以及根据本月业绩的完成情况，对下月的业绩考核做出修订。

业绩是销售团队员工在一定时间内所达成的工作目标水平。每周的业绩情况图分析就是针对员工每周所达成的工作目标水平，以图表的形式做一个统计，而在这种图中数据的展现尤为突出。

团队管理者对员工当月所完成的业绩做一个精准的计算统计后，在月例会上将其以图的最终形式展现给全体员工，图 12-1 为一个九月份员工每周销售业绩情况图表：

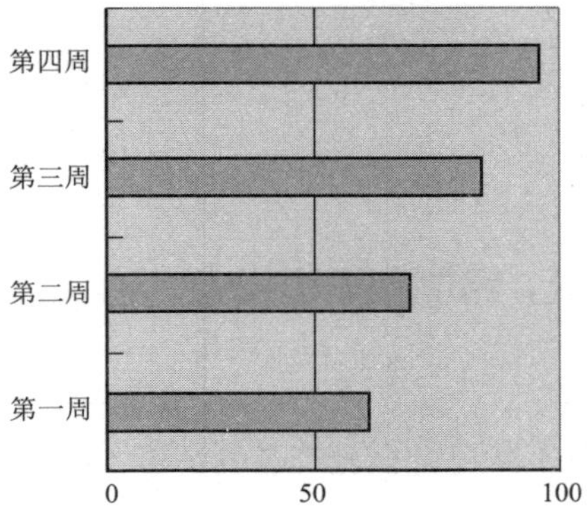

图 12-1　9 月份员工每周销售业绩情况图

上面所展示的图只是一个最为简单的范例，针对每个行业销售团队的不同情况，团队可以制作相对应的每周业绩图表，比如可以为所有员工的每周业绩情况制作一个总体的统计图，也可以为每一个员工的每周业绩情况制作一个具体的统计图。

并且图的类型有多样化的选择，比如条形图、饼图、折线图等，不同的统计图可以反映销售团队不同的数据情况与结果，团队可以根据想要得到的分析结果选择图的类型。

制作员工每周业绩情况图是为了通过观察图上所展现的数据结果，对销售团队当月业绩完成情况进行分析，从而得出员工工作完成情况的反馈。若是图中数据显示为未达标，则说明员工当月的业绩完成情况不佳，需要调整工作状态；若是图中数据显示为达标或是超额完成，则说明员工该月的工作状态良好，应该继续保持。

需要注意的是，这是一个月中的每周业绩情况图分析，而非该月整体性的业绩情况图分析。管理者通过统计当月每周业绩的情况，并且以图的形式展现给员工，有利于体现员工在该月每周的业绩增长或减少趋势，让员工以及团队领导者可以很直观地了解该月中业绩情况的动态发展趋向，以便为下一个月的销售业绩制定一个合理的任务目标。

12.8 分析月工作量，绘制数据透视表

销售团队如果想要不断提升自身产品的销量，必然是离不开数据分析的。所谓数据分析，就是指用恰当的统计分析方法对收集的数据加以汇总、分析，以求最大化开发数据功能，让数据发挥出对销售团队发展应有的价值。

实际上，月工作量的数据分析与每周业绩情况图分析相类似，月工作量的数据分析可以使用 Excel 电子表格中的数据透视表来完成。

只拥有数据统计、分析的工具远远不够，管理者在做数据分析的时候，必须明确其分析的内容与目的，内容就是员工的月工作量，目的则是通过最终的数据结果观察员工每月工作量的完成情况，看是否有消极怠惰的问题出现。

在确定数据分析的内容以后，就需要进行数据的采集和处理，这一过程必须保证数据的准确性，即员工上报的月工作量必须真实有效，做数据处理时不能随意更改。只有保证数据的准确，才能保证最后分析的结果准确且有针对性。

明确数据分析的内容与目的，采集和处理数据之后，要以数据透视表的形式展现数据。

销售主管通过对员工的月工作量进行数据分析，不仅可以对员工的工作完成情况做出评价，还可以将员工每个月的月工作量数据统计分析情况保留下来，做一个纵向的对比，为下一个阶段的产品销售制定一个合理的规划和目标，以驱动产品销售量的增长。

12.9 全员参与月例会，修订下月业绩考核

业绩考核也被称作业绩考评或是考绩，这是一种利用科学的定性定量的方法对团队员工的实际工作成果或是贡献进行的考核和评价。而对员工每月的业绩进行考核，就是以“月”为一个周期考评员工的工作表现与工作成果。

进行业绩考核的目的是以考核的方式提高销售团队中每一个员工的工作效率，从而为团队谋求更多的收益，它具体体现在产品销售量的增长上。为了能达成这一目的，销售团队需要做大量的准备工作才能支撑这一考核制度顺利进行。

而且，针对销售团队所处的不同时期和面临的不同问题，原定的业绩考核标准可能需要进行相应的修订，以便能更好地应用于业绩考评工作中，以改善团队的反馈机能，激励员工不断提升销售业绩，使团队产品的整体销售

量都呈增长趋势。

而所谓修订，就是指修改订正，它是有标准可循的，而非无视实际情况，胡乱、盲目地修改。因此，团队在修订业绩考核的过程中，必须保证修订完成的业绩考核制度在实际执行时依然能遵循以下五条原则：

1. 公平原则

公平是对员工进行业绩考核的前提，只有保证考核制度的公平性，才能真正发挥业绩考核对于员工个人和销售团队整体的促进作用。

2. 严格原则

业绩考核制度不能流于形式，要有明确的考核标准，以及严格的流程执行规定。

3. 结合奖励原则

在业绩考核制度中，应该结合奖励，比如业绩与工资、奖金关联，以这种与物质利益相结合的方式激励员工提升业绩。

4. 反馈原则

执行业绩考核制度，一定要把最终的考评结果反馈给被考评员工本人，肯定业绩成果的同时说明其存在的不足，形成与员工的一种双向交流，否则对员工进行业绩考核就失去了意义。

5. 差别原则

业绩考核的标准应有明确的差别界限，即对于不同员工的不同工作业绩，要划定一个鲜明的层级范围。比如针对不同的业绩成果，设定不同的工资额度，并标明具体的数字，让员工有标准可对照。

一个月的时间为员工的业绩考核提供了更多的数据，也为销售团队发现业绩考核制度的不足提供了机会，团队可以依此对下月的业绩考核做出相应的修订。

12.10 召开协调会议，帮助员工解决矛盾

协调会议就是由上级召集团队员工所开的会议，主要用于解决个体无法解决，需要团队整体共同协调解决的问题。简言之，协调会议就是为了专门解决工作中出现的某一特定问题而召开的会议，对于一个销售团队来说，召开协调会议，有利于强化团队的凝聚力。

12.11 出现撞客户现象，怎么办

在工作中，可能员工之间会经常出现撞客户的情况，对于销售人员来说就是撞单。撞单是指第一人联系了客户却没有做好相应的跟进工作，使得服务上出现缺失，该客户寻求与其他销售人员洽谈，最终造成二人同时争相服务一个客户的情况。

业务人员在接待客户时，要尽量规避撞单，比如汽车销售在接待客户时，应首先询问客户原来是否有来过店里看车，是否受到相应的人员接待，若回答均为肯定，则应通知原接待人员，由他或她继续提供服务。

但是对于已发生的撞客户情况，又该怎么处理呢？针对这种情况，团队负责人就需要召开相应的协调会议，解决员工之间撞客户的这一问题，避免因为员工之间不愉快而造成团队内部不和谐的现象。

通过召开协调会议，团队负责人应该制定一个专门的撞客户判定标准和问题发生时的协调技巧，让员工有标准可循，有方法可应对。以下为大家介绍三种撞客户的协调技巧：

（1）在正式成单前，若是A、B两名业务人员发现彼此都接待了同一名客户，而该名客户认可其中一个业务人员（前提是两名业务人员没有发生恶意抢单的行为），那么就由该名业务人员继续跟进这名客户，给另一名业务人员补接其他的客户。

（2）在正式成单前，A、B两名业务人员都按照正常接待顺序接待了客户，但若是A业务人员跟进该名客户的时间更长、付出更多，则由A业务人员继续跟进该名客户。

（3）如果一名老客户给A业务人员带来一名新客户，但是发现该新客户是B业务人员负责的客户，那么A业务人员应放弃对该新客户的追踪，由B业务人员继续追踪。

员工在接待客户时要对撞客户的判定标准有清楚的认知，在行为发生后，一定要保留和出具相关的、真实有效的接单证据，比如通话清单、客户资料档案留存等，如此才能让负责人根据评判标准做出评判，达成团队员工之间的友好协商，而非产生矛盾。

12.12 员工合作开单，业绩如何分配

有些时候，销售团队员工之间会互相合作，共同负责一名客户，也有些时候，因为发生了撞单现象，员工们在一段时间内同时接待一名客户，这两种情况都涉及合作开单的业绩如何分配的问题。

而为了应对这一问题，销售团队应该量身打造一套合作开单业绩的分配技巧，否则，业绩的分配将会混乱，不公平问题也会产生，不利于团队整体力量的凝聚。

这里来介绍四种合作开单业绩分配技巧：

（1）如果客户第二次来访时，不记得原接待人员，由另外一名人员接待并且成功开单，而这一过程都是按照正常规定进行的，则可以设定两名接待人员的业绩分配为三七分，即原接待人员为30%，代接人员为70%。

（2）如果是共同到来的一群人，比如一家亲戚，若是有两名业务人员分别同时接待、合作开单，则其业绩分配可以设定为五五分，即两名业务人员均为50%。

（3）如果老客户携带一名新客户来找原接待人员，但原接待人员不在，此时由负责人安排另一名业务人员接待，并且在当天就能立即成单，则两名业务人员的业绩可设定为三七分，原接待人员为30%，代接人员为70%。

（4）如果出现原业务人员就要成单时，却突发临时事件而找另外一名业务人员帮忙的情况，则帮忙人员不算该单业绩，该单业绩仍属于原接待的业务人员。

总之，对员工成单的业绩以一个规定的分配原则进行判定，合理分配团队内员工的业绩，有利于减少因业绩分配不公平而引发的团队员工间的争执和冲突，而且团队最好把统计的具体业绩数据展示给员工，让团队内部形成一定的良性竞争。

12.13 跟进中断，如何协调其他员工接手

通常，业务人员一旦负责了一名客户，就需要对该名客户做长期的跟进，

如果跟进忽然中断，事情的处理就会变得相对复杂。

然而，跟进中断的情况还是存在的，跟进人员可能会因为一些原因不能继续做该名客户的跟进工作，而为了能够保证跟进的中断不会对客户产生任何影响，原跟进人员就需要协调其他人继续跟进，并做好跟进任务的交接工作。

那么，在换人跟进这一过程中，又如何才能做好任务的交接呢？客户能否适应跟进人员的更换呢？其他人又是否愿意代为跟进呢？这些都是值得考虑的问题。

如果要协调其他人代替自己做跟进，一定要注意两方面：一是客户，一是被委托的人员。

就客户方面来说，因为一直由同一人跟进，客户可能已经适应这名跟进人员的跟进方式，所以如果由于某些特殊原因跟进工作需要临时换人，一定要及时告知客户，向其传达业务跟进人员更换的原因，以及更换人员的姓名等相关信息，让客户了解清楚，而不至于处于一无所知的尴尬境地，否则可能引起客户的不满甚至拒绝合作，从而导致销售团队客户的丢失。

就被委托的人员来说，因为他可能也有自己正在跟进的业务，所以在找寻人员交接时，一定要说明自己不能继续跟进的原因，以及要问清楚被委托人员是否有充裕的时间同时负责多个跟进业务，否则可能给被委托人员造成不必要的麻烦。

如果被委托者愿意代为跟进，则一定要告知他自己当前跟进的客户情况，比如姓名、联系方式，目前业务的跟进情况以及未来的跟进计划和所要达成的目标等。

掌握协调其他人跟进的技巧尤为重要，因为只有这样，跟进工作才能顺利地进行，并且要将工作交接好，避免团队丢失客户、损失利益。这也促进员工之间的相互帮助，有利于整个销售团队凝聚力的增强。